Part 2

いろいろなミニアクアリウムをつくってみよう

器で楽しむ

上級者編 Teacher's テクニック

世界を楽しむ

上級者編 Teacher's テクニック

Part 3

もっと簡単！「ボトリウム®」でつくろう！

1年12か月のアレンジ

Column

Part 4

水草＆生物図鑑

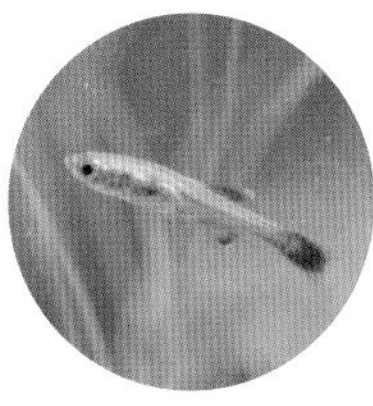

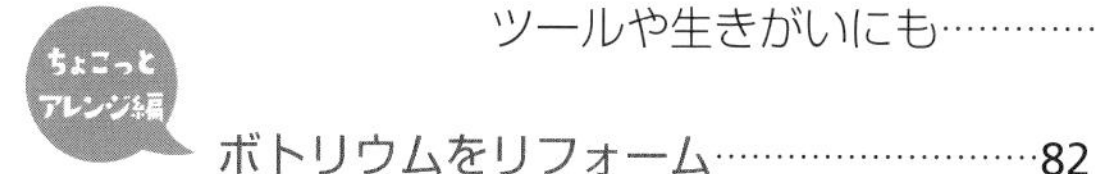

水草や魚を
団らんの中心に置いて

ホッとしたい、家族との団らんの時間。
お茶でひと息つきながら、美しい水草やスイスイ泳ぐ可愛いメダカの姿を眺めれば、
心がやすらぎ、会話も盛り上がるはず。

『平形ガラスボウル』→ P.46

小さなびんが
生活に彩りを与える

料理の合間に、
ふと見える位置に置いたボトリウムで癒されて。
食器やスパイス、キッチングッズが並ぶ棚なら
小さなものでも十分なアクセントに。
温かい、ビビッドな色の作品がおすすめです。

『ミニガラスキャニスター』→ P.41

テーブルにひとつ
癒しのアイテムを

大きな木のダイニングテーブルには、
存在感のある土鍋を使ってみては。
陶器の温かみ、水面上にまで伸びる新芽に
きっと誰もが癒されるはず。
落ち着いた色味でつくれば、
どの年代の人からも愛される作品に仕上がります。

『土鍋』→ P.45

窓際に置けば
水草もより美しく輝く

直射日光は水草にダメージを与えてしまいますが、
光のたっぷり入る窓辺で見る水草は、とっても生き生きとして見えるもの。
キラキラ光るアクリルアイスやグラスサンドを使った作品が似合います。

『シャンパングラス』→ P.38

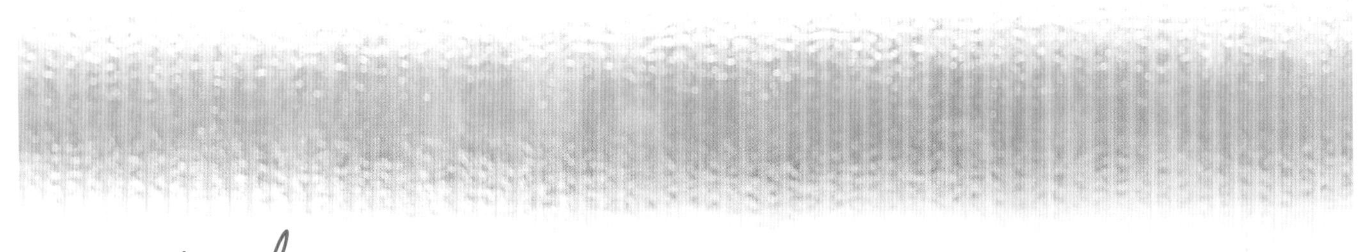

window

玄関先でお客様をおもてなし

お客様の目につく玄関。靴箱の上などに
置いてみてはどうでしょう。
おもてなし感がぐんとアップします。
玄関は家族が出入りする場所でもあります。
「行ってきます」のついでに見れば、
１日のやる気が出るはず。

『四季～秋～』→ P.54

癒しアイテムで勉強や仕事がはかどる

仕事や勉強机の近くに癒しのアイテム、ボトリウムを。
疲れたときに見れば、水中を泳ぐ魚の姿や
すっきりした水草の色にもう少しがんばろうと思えるはず。
ふたのついた「ガラスキャニスター」タイプの容器なら、
水がこぼれる心配もありません。

『四季～夏～』→ P.53

洗面台や浴室に
可愛らしく飾って

お風呂などの癒しの時間にボトリウムをプラスして、よりリラックス。
カラフルな色が、シンプルなことの多い洗面台や浴室を明るくしてくれます。
水場が近いので、水換えもすぐにできる好スペースです。

『ティーカップ』→ P.39　『カラフル＆ポップ』→ P.58

趣味の世界に仲間入りさせて

熱中したい趣味の時間に、
ボトリウムも仲間入りさせてみませんか。
ちょっと手の込んだ作品をつくって、
写真を撮って楽しんでみても。
写真に写すなら、雰囲気よく飾ったところでもよいし、
きれいな水草をクローズアップしても。
『ブックタイプ花びん』→ P.48

棚の飾りのポイントに

本や雑貨など、さまざまなものの置き場となる棚。
１段ドーンと、ぜいたくに大きめのボトリウムを
飾ってみてはどうでしょうか。
濃い茶の木材は、水草の持つ植物の温かみを
引き出してくれます。
棚は暗くなりがちなので、
照明を当てれば水草が育ちやすく、
雰囲気もアップします。
『洋風ガーデン』→ P.64

壁の新しいインテリアに 個性的な水草が参加

壁掛け花びんのようにボトリウムを飾って、壁に涼しさと可愛さをプラス。
壁はあまり大きなものを飾ることはできないので、
１本１本、水草の形を楽しめるような小さな作品がおすすめです。

『試験管』→ P.40

テーブルマットが
おしゃれなステージに

ボトリウムをお気に入りのマットの上に置いたら、
マットがステージに変身します。
ハンカチやランチョンマットなども、
作品の雰囲気に合わせて使ってみるとよいでしょう。
垂れた水を吸い取ってくれるのもおすすめポイントです。

『びんの中に小びん』→ P.42

お気に入りの
フィギュアの遊び場に

フィギュアやマスコットとボトリウムを合わせて、
可愛い空間を演出してみましょう。
ここでは、蝶や鳥がまるでサンドや水草にひかれて
やってきたように仕上げました。
ちょっとしたストーリー性のある空間を
目指しても楽しいでしょう。

『四季～夏～』→ P.53

ライトアップで
よりおしゃれに見栄えよく

光は水草の成長に必要なだけでなく、
ガラスの中や水草をすっきりと美しく見せてくれます。
お気に入りのランプの光が当たる、ボトリウムのスペースをつくってあげましょう。

『四季〜春〜』→ P.52

植物コーナーに新しい仲間が

水草は、手軽に飾れる「水中の観葉植物」。
強い色の花といっしょに飾るより
小さな観葉植物やミニサボテンのほうが好相性。
お気に入りの植物を並べた空間にも、
仲間入りさせてみましょう。
小さな花びんに生けたグリーンなどもおすすめです。
『大リカーびん』→ P.50

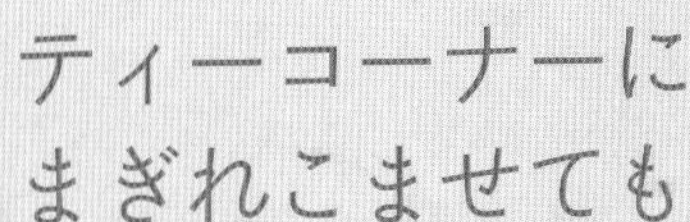

ティーコーナーにまぎれこませても

お茶の時間に使う砂糖やティーバッグ、
スプーンといったティー雑貨がおいてあるコーナー。
ポットとカップを使ったボトリウムなら
その場に違和感なくとけこんで、素敵な空間に。
合わせる作品は、シンプルなものがよいでしょう。
『ティーカップ＆ティーポット』→ P.39

「ボトリウム」を始めるみなさんへ

「魚の名前、何にしようかな……」
ボトリウムをつくったその日から、新しい家族が仲間入り。
「早くご飯あげたいなぁ〜」なんてウキウキワクワク。
それが小さなボトルの中の水族館「ボトリウム」です。

ボトリウムには、みなさんの心のトキメキがたくさん注ぎ込まれます。
こだわって選んだ色の砂利を敷き小石を配置したら、
水を注いで「うわ〜キレイ」と感動。
コツをつかむまで苦戦しながら、水草を１本ずつ植えて……。
最後には、お気に入りのお魚を入れて。
「あっ！泳いだ、泳いだ！」

ボトリウムはつくったその日がスタート。
そこから、小さな小さな地球が育っていくのです。
ボトリウムの主役は水草です。
水草は水を浄化し、酸素を生み出します。
水草を可愛がってあげてください。そうすると自然と魚も喜びます。
さあ！　早速ボトリウムをつくって飾りましょう。
あなただけの癒し空間を心ゆくまで楽しんでください。

ボトリウム考案者　家元てっちゃん先生（田畑哲生）

Part 1

ミニアクアリウム「ボトリウム」のきほん

高さ 20㎝ほどのガラスキャニスター（保存容器）を使った、
きほんのボトリウムにまずは挑戦。
流れを追ってつくっていけば、誰でもかんたんにつくれます。

ボトリウムってどんなもの？

「ボトル」＋「アクアリウム」で「ボトリウム」。
ボトリウムは、水槽や本格的な道具を使わずにボトルを使ってつくる、
誰でも手軽に楽しめるアクアリウムです。

棚やテーブルに置ける“小さな水族館”

ボトリウムは、ガラスキャニスターなどの容器とカラーサンド、水草などを使ってつくります。ふつうの水槽と比べると小さく手軽で、花や観葉植物、雑貨を飾るような感覚で棚やテーブルに置くことができるのが魅力。眺めるだけで心をなごませて癒してくれる、自分だけの水族館です。

好みのボトルで
アレンジいろいろ♪

主役は水草！
水草には水を浄化する役割も

水草は水槽の中の脇役的なイメージがあるかもしれませんが、ボトリウムでは主役！　水中がコケなどで汚れてにごるのを防ぐ作用があり、また、光合成によって酸素を生み出し、魚や貝が棲みやすい環境をつくります。小さな容器でエアーポンプやろ過フィルターなしでもアクアリウムが楽しめるのは、水草のおかげなのです。

小さな世界の中にも
生態系がある

ボトリウムをつくってからしばらくすると、水草がなじんでくるとともに、容器の中に生態系ができあがります。魚は水草によって生み出される酸素を吸い、水草の間を泳ぎまわります。水草は、魚が吐いた二酸化炭素を使って光合成を行います。そして、貝やエビはコケを食べて水中を浄化。こうして、小さなボトルの中で命がつながれていきます。

ボトリウムの魅力とは？

ボトリウムの魅力は、誰でも手軽に、費用をかけずにつくれること。
そして、つくるだけでは終わらず、飾って、育てて楽しむこともできます。
身近に緑や生物を取り入れることができるのもよいところです。

つくり方はかんたん！ 特別な材料や道具は必要なし

ボトリウムは、底に敷くソイルなど一部のものを除いて、100円ショップなど身近なところで手に入る材料や道具でつくることができます。とてもかんたんだけれど奥は深く、ひとつとして同じものができないのがおもしろいところ。つくる人、つくるときによって、違うボトリウムができあがります。

手入れもかんたん！ 水換え、エサやりも手間いらず

手軽につくれても、手入れがむずかしければ育てるのが面倒になってしまうもの。でも、ボトリウムは手入れもかんたん。たった50秒で終わる水換えを週に1回、1日おきにエサをやり、あとは、ときどき容器の中の掃除や伸びてきた水草の手入れをすればOKです。

飾ってきれいで心がなごみ 癒し効果も大

小さな気泡をまとってたなびく水草。水中では、緑がいっそうきれいに見えます。その間を泳ぎまわる魚。もそもそと動きまわる貝……。ボトリウムは見ていて飽きることがありません。一度ボトリウムを身近に置いてみれば、誰もがその魅力に夢中になってしまうはず。疲れた心も、あっという間に癒されます。

アレンジいろいろ 奥深くて長く楽しめる

ボトリウムは、明るい場所に置き、かんたんな手入れのルールを守れば、半年、1年……、と長く楽しむことができます。その間に、魚は成長し、水草の形や色もどんどん変わっていきます。その変化を楽しめるのも、ボトリウムの魅力。ぜひ、長く、愛着をもって育ててみてください。

使用する材料と道具

ボトリウムに必要な材料や道具は、手軽に集められるものばかりです。
水草やソイルなどは、ホームセンターのアクアリウムコーナーや
アクアリウム専門店などで手に入れましょう。

材料

①水
製作時に使用する水道水は、２～３日前にペットボトルにくんでおき、ふたを開けてカルキを抜いておきましょう。

②水草
主役の水草は、ボトリウム容器の大きさによりますが５種類（５本）ほど用意するとよいでしょう。葉が枯れて傷んでいない、元気のよいものを選びます。

③生物
水草が主役ですが、魚と貝を１匹ずつ用意するとよいでしょう。きちんと世話をすれば水草と共生し、ボトリウムがより長持ちします。

④ソイル
水草が元気に根付くために欠かせない、水槽用の土です。ホームセンターやアクアリウム専門店で取り扱っています。

⑤カラーサンドなど
天然石やゼオライトという鉱物に着色したものがカラーサンドです。水槽で使用できるものを選びます。自然な色の化粧砂利なら味わいが、ガラスを砕いた透明なグラスサンドなら輝きが出ます。

⑥石
さまざまな色、形、大きさのものをいくつか用意しておきましょう。スペースを区切ったり、立体感を出したりすることができます。

ボトル容器

「ボトリウム」の名前の由来ともなるボトル容器は、身近にあるものでだいじょうぶ。初心者の方はふたつきのガラスキャニスター（保存容器）から始めるのがおすすめです。

⑦霧吹き
カラーサンドや化粧砂利を敷いたら、水を容器に注ぐ前に霧吹きで全体に水分をいきわたらせます。また、ボトリウム製作中に水草が乾燥しそうなときに、霧吹きで水をかけます。中の水もくみおいて1日以上たったものが好ましいです。

製作の道具

①水草ピンセット
必ず水草専用のピンセットを用意します。長めと短めがあると、よりよいでしょう。水草以外にも砂利を動かしたり、石を配置したりするのに使います。

②スプーン＆レンゲ
ソイルやカラーサンドなどをすくうのに使用します。柄が長いとびんの下のほうへ届くので便利です。レンゲは生物をすくうのにも使います。

③はさみ
主に水草の長さを調整するときに使用します。工作用のものでだいじょうぶですが、ボトリウム専用にしてください。

④ウールマット
水を容器に注ぐときにサンドや砂利の上に敷くことで、水をにごらせずに注げます。水槽のろ過用のもののほか、手芸用のものでもだいじょうぶです。

⑤トレー
ボトリウムを製作するときや水換えをするときに下に敷くと机が汚れにくくなります。2〜3枚あると、水草を用意するときにも使えます。

⑥じょうご
水を容器に注ぐときは、水がこぼれないようにじょうごを使いましょう。

手入れ用の道具

①メラミンスポンジ
掃除用に販売しているメラミンスポンジは、容器の内側のコケや汚れを落とすのに使える便利グッズです。

②ピンセット
掃除の際にスポンジを挟むのに使ったり、ちぎれた水草を取ったり、小石などの配置を変えたりするのに使います。

③水＆ペットボトル
500mℓのペットボトルに水をくみおいて用意しておきましょう。ふたをあけて1日以上おき、カルキの抜けた水を水換えのときに使います。

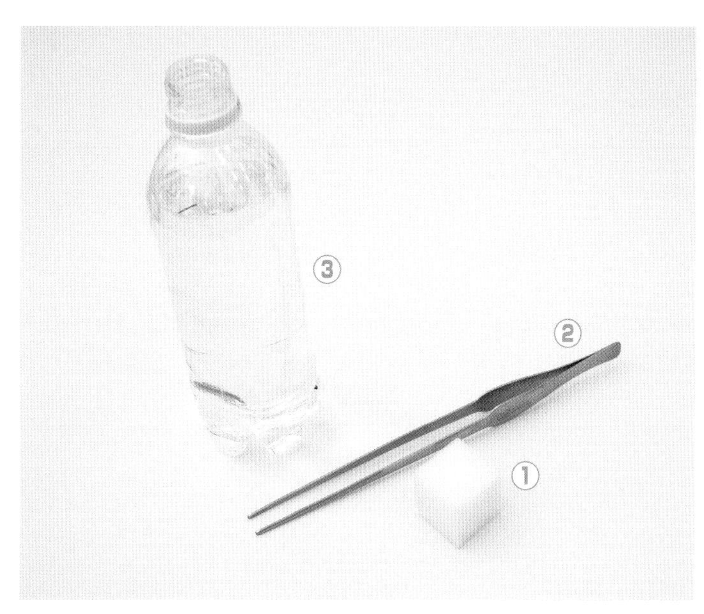

きほんのボトリウムのつくり方

密閉型のガラスキャニスターを使った、きほんのつくり方です。
ふたが閉まるため移動もしやすく、初心者に向いています。
好きな色のカラーサンドでカラフルにつくってみましょう。

材料	道具
・水草（各１本） アナカリス、ウィステリア、グリーンカボンバ、ハイグロ・ロザエネルビス、レインキー ・ソイル ・カラーサンド ・石 ・生物（各１匹） アカヒレ、スネール（貝）	・ガラスキャニスター（高さ 17cm ×直径 12cm） ・水草ピンセット ・トレー ・レンゲ ・はさみ ・霧吹き ・ウールマット ・じょうご ・ペットボトル（２～３日くみおいた水）

※これらが入ったキットを通信販売もしています（詳しくは P.96）。

1 ソイルを入れる

レンゲを使って、ソイルを容器の底から5㎜程度の高さまで入れる。

2 カラーサンドを入れる

レンゲで好みのカラーサンドを入れる。層になるように重ねると可愛い。

水草が抜けないように、ソイルの上から5㎝程度の高さまで入れる。

3 飾りの石を選ぶ

石を選ぶ。小さいものなら５つ程度。カラーサンドの上に置いて、色味や形でアクセントになるものがおすすめ。

4 石を配置する

配置場所が決まったら、指で押してサンドに軽く埋め込む。

よく見える前面にピンク色の石２つでアクセントをつけ、残りの石３つで水草を植える場所を区切る。

5 霧吹きをする

一日以上前にくみおいて、カルキ抜きした水の入った霧吹きで全体をしっかりしめらせておく。

Point!

カラーサンドはとても軽いので、しめらせないと水を入れたときに浮いてしまいます。霧吹きでしっかり水をかけ、なじませておきましょう。

6 ウールマットを敷く

ウールマットを容器の幅に合った大きさに切る。

ウールマットをカラーサンドの上へ、石がずれないようにゆっくりと敷く。

7 水を注ぐ

ウールマットに水が注がれるようにじょうごを入れ、2～3日前にくみおいてカルキの抜けた水を注ぐ。

水はあふれるぐらいまで、容器の縁までゆっくりと注ぐ。

8 マットを取り出す

ピンセットでゆっくりとマットを取り出し、容器の上で絞る。

9 水草をカットする

水草を容器の横に並べ、長さを確認する。カラーサンドに約 3㎝埋まることを考えて切る位置を決める。

確認した長さで、はさみで切る。水草を植えるのに慣れないうちは、少し短めに切ると植えやすい。

水草別カット方法

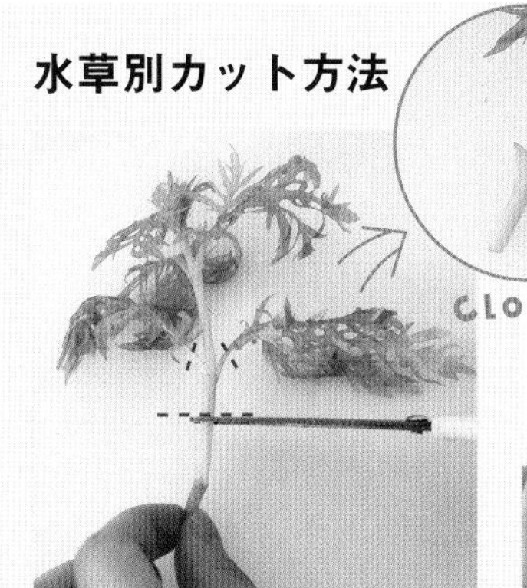

ウィステリア
葉が大きく、植えるのに邪魔になるので切る。葉の付け根は少し残してサンドに引っかかるようにする。

グリーンカボンバ
節が多いので、葉をよけて、茎が挿せるように切る。

ハイグロ・ロザエネルビス
ウィステリアと同様に、葉の付け根は少し残してサンドに引っかかるようにする。

レインキー
ウィステリアと同様に、葉の付け根は少し残してサンドに引っかかるようにする。

10 水草を持つ

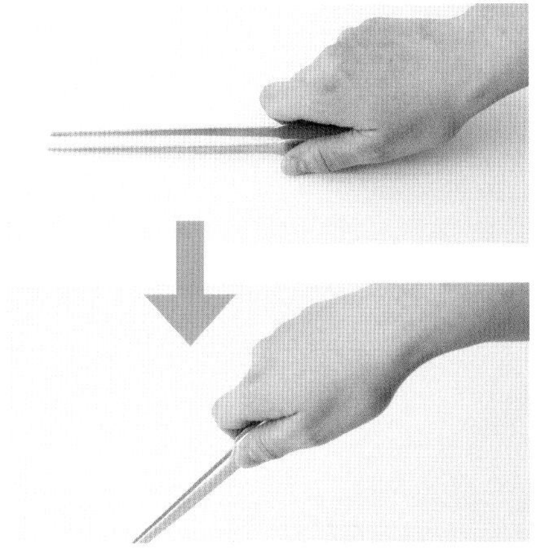

ピンセットを置いて上からつかむようにして持ち、この状態で使う。

ピンセットの先で、水草の茎の先を挟む。

手で、茎の先がピンセットと並行になるように整える。

11 水草を植える

10の状態で水草をまっすぐ、ピンセットの先が容器の底に当たるまで一気に挿す。続いて一気にピンセットだけを抜く。

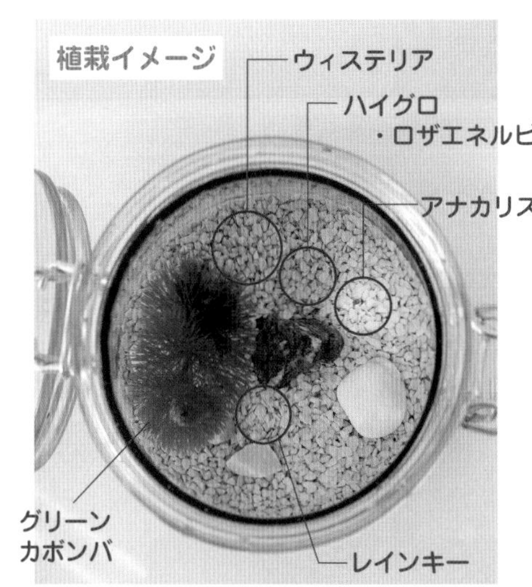

横、後ろ、上から見ながら水草の配置を決めてそれぞれ植える。

12 水をあふれさせる

2～3日前にくみおいてカルキの抜けた水をゆっくりとあふれるまで注ぐ。

Point!

ここで水をあふれさせることで、水草を植えたときにソイルやサンドが動いてにごった水を外に出すことができます。

13 魚と貝を入れる

アカヒレとスネールをレンゲですくい、そっと入れる。

できあがり！

ちょこっと
アレンジ編

きほんのボトリウム

枝を入れてみよう

細い小枝を最後に加えれば、容器の中の世界観がより素敵に。外で拾ったものの場合、しっかり乾燥させて洗ってから使用します。

化粧砂利で雰囲気アップ

最後に色の違う化粧砂利や、落ち着いた色味のものを少しまくだけで雰囲気アップ。写真では、秋のような落ち着きが出ました。

大きな石がアクセント

丸い天然石はやさしい自然の風合いを出してくれるため、おすすめの素材です。大きなものをひとつ入れれば、作品のまとまり感がより出ます。

きほんの飾り方

ボトリウムをつくったら、さっそく飾りましょう。
インテリアとして好きに部屋に飾ってよいのですが、直射日光の当たる場所など
避けたほうがよい場所もあります。

1日8時間以上明るい場所に置く

ボトリウムの主役は水草です。水草は光を浴びて光合成することで生きています。目安は本や新聞を読むのに十分なぐらいの明るさで、その明るさが一日８時間以上続く場所に置く必要があります。自然光でこの状況をつくるのが難しい場合は、照明器具の光でかまいません。

直射日光は厳禁！温度にも気をつけて

直射日光はできる限り避けてください。とくに夏などは、日光によって容器内の水の温度が急に上がり、中の生物が死んでしまうことがあります。ふたがしてあるタイプのボトリウムは熱がこもりやすいので、要注意です。直射日光に当たり続けたボトリウムは、短期間でコケだらけになることもあります。

NG!

Point!

部屋の中でも明るさをチェック！

一見明るい部屋の中でも、物陰に置いたら意味がありません。ボトリウム自体が置いてある場所の明るさをチェックしましょう。また、１週間置いてみて、水草の元気がなくなっていくようなら、場所を変えたほうがよいかもしれません。

NG!

棚の上は、近くに置いてある物のせいで影になっていることも。

照明を使えば水草はいっそう輝く

ボトリウムは水槽と同様で、上から照明を照らすことで見え方が変わり、容器内の水草がより輝きます。スタンドライトのような手軽なものや、専用のLED、蛍光灯などで照らして楽しんでみてください。また、明るい時間が8時間より短い場所に置く場合、照明でサポートするとよいでしょう。

スポットライトは少しだけ離して

照明器具のなかでも、スポットライトのような光の強いものは少し離して使用しましょう。直射日光と同様で、電球の熱により水温が上がってしまうことがあります。

Point!

水草が溶けてきたら原因は光量かも？

「水換えはしているのに、水草がうまく育たない」「水草が溶けてきた」そんなことがあったら、光量不足かもしれません。元気な水草は、光合成をして青々としていますが、元気がなくなると白っぽくなってきます。場所を見直すか、照明を取り入れて明るい時間をしっかり確保しましょう。

溶けてきた水草は抜きましょう。色が悪い水草には水草用栄養剤もおすすめ。

Column

さまざまな場に飾ってみて

ボトリウムを自分の部屋だけでなく、職場やイベント会場などさまざまな場に飾ってみてはいかがでしょうか。

小魚やスネールの入ったボトリウムは、見ているだけで楽しいもの。子どもにも人気で、水草を植えるところなどを大人がサポートしてあげれば、３～４歳からつくることもできます。保育現場にひとつ置くだけでも、小魚の様子や水草の成長を子どもとともに楽しむことができます。同様に介護現場にもおすすめです。

また、結婚式やパーティーにはカラフルなサンドを使った可愛いボトリウムが好相性です。さまざまな容器でつくることができるため、シャンパングラス（→ P.38）でつくった小さいものをいくつか飾っても、受付や高砂に大きなリカーびん（→ P.51）でつくって目立つように飾っても素敵です。

＼パーティーでボトリウム！／

クリスマスパーティーにボトリウムを飾りました。サンタやトナカイのバルーンを添えたり、クリスマスツリーに水草を植えて大きなボトルの中に入れたり。照明で水草をより華やかに演出しています。

協力　Sunshinecity

きほんの手入れ

ボトリウムの中の水草と生物を長く元気に育てるためには
手入れが必要です。しかし覚えてしまえば、とてもかんたんなことばかり。
これを守れば、数年間ボトリウムを楽しむことができます。

いつもの手入れ

水換えは1週間に1回だけ

前日に500mlのペットボトルに半分水をくみ、ふたはせずにおいてカルキを抜きます。そして翌日の水換えの際は、トレーにボトリウムを置き、上からゆっくり注ぐだけ。前日にくみおいたあとボトリウムの横に置いておけば、水温も同じになり生物にショックも与えません。水換えを忘れないよう、「水」曜日に行うことをおすすめしています。

水を換えるときに水があふれ、魚が容器から出てしまうことも。そんなときのためにトレーは欠かせません。トレーに魚が出たら手ではなく、レンゲなどで水ごとすくって容器に戻してあげましょう。

Point!

水は多めに準備！

通常、水は水換え前日に用意すれば問題ありませんが、生物が死んだり、水をこぼしてしまったりと急に水換えが必要になることもあります。多めに準備しておくとすぐに対応できます。

これくらいでOK！

魚のエサやりは1日おきに1回が目安

魚のエサは、1日おきに1回あげましょう。金魚や小魚用の水に浮くフレーク状のエサを、2cm程度のアカヒレに5mm程度のかけら1枚で十分です。エサの与えすぎは、魚のフンの増加や食べられなかったエサによる水の汚れにつながります。水が汚れにくいエサもあるのでおすすめです。

ガラスが汚れたらクリーナーで拭いて

つくってから数週間たつと、ガラスの内側にコケが付着しはじめます。長期間そのままにすると汚れが落ちなくなるので、早いうちに掃除します。水換えの前に、カットしたメラミンスポンジをピンセットで挟み、ガラスの内側をこすります。汚れが落ちたら、いつもと同じように水換えをします。

季節の手入れ

夏場だけは水換えをこまめに

ずっと冷房のきいた部屋であれば問題ありませんが、夏場は水温が上がり水が腐りやすくなる時期です。水温が上がると水草も枯れやすく、生物も弱ってしまいます。1週間に2回を目安に、こまめに水換えをしましょう。水曜と土曜に行うと、「すい・どー（水道）」と覚えて忘れにくくなるのでおすすめです。

Point!

暑い夏場を乗り切るコツ

「真夏」と呼ばれる夏本番は、ここで紹介するコツで乗り切りましょう。

●最初の一週間が肝心！

夏場の場合、ボトリウムをつくった次の日には１回目の水換え、その２日後に２回目の水換え、さらに２日後に３回目の水換え…と、１週間に３回の水換えをします。これで、まだ自然環境ができあがらない不安定な水質が良好に。

●にごったら、すぐ水換え

水温が高くなると、ボトリウムの水はにごりがち。そんなときは放っておかず、すぐに水換えを。水がにごっているうちはきほんの水換え方法を毎日しても構いません。にごった水をそのままにしておくと、魚にもダメージを与えてしまいます。

●水温が上がると、より多く光が必要

水温が高いときは水草の求める光の量も多くなります。水草が傷みやすいと感じたら光量不足。LEDなどのスポットライトを１日８時間～１０時間程当てて、明るくしてあげましょう。

冬場は保温器も考えよう

ベタなどの熱帯魚をボトリウムで飼う際には、10月頃から保温器を使うとよいでしょう。保温器は床暖房のようなもので、ヒーターの上に容器を置くと自動で水の温度が一定になります。アクアリウムショップなどで購入できます。寒さが厳しいときは、熱帯魚以外でも、夜間はブランケットで包む、発泡スチロールの箱に入れるなどしましょう。

水草の手入れ

水草が伸びすぎたら切って手入れを

水草が育ちすぎると景観が悪くなったり、魚の泳ぐスペースが少なくなったり、ひとつの水草が育ちすぎて、ほかの水草に日が当たりにくくなったりします。そこで、伸びすぎた水草は切って手入れをしましょう。「ピンチカット」は切るだけのかんたん手入れ、「差し戻し」は見た目よく調整できる方法です。カットを終えたら、水換えして水もきれいにします。

＼とってもかんたん／

ピンチカット

伸びてきた水草を、植えたままで適度な長さのところでカットする方法です。水草の元気がよく、葉がしっかりと開いているときに行います。

①適度な高さで切る。

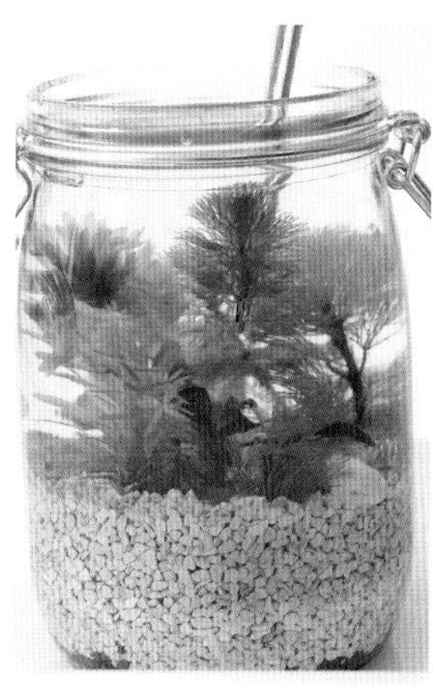
②カットして浮いた水草をピンセットでつまむ。

③都合のよい場所に植え直す。

＼見た目が美しい／

差し戻し

一度水草を引き抜き、カットしてから植え直す方法です。栄養不足の水草や、切った跡を見せずに美しく調整したいときに行います。

①根についたソイルをまきあげないようにゆっくりと水草を引き抜く。

②適度な長さで切る（根がなくなってもかまわない）。

③先端（新芽）のほうを下葉を少し取って植え直す。

困ったときの！ お助けQ&A

ふたをしているけれど、魚は生きていけるの？

小さな魚１匹ならだいじょうぶです

ボトリウムには、生きた水草が入っており、水草は光合成で酸素をつくり出します。小さな魚１匹なら、水面の上に少し空間があればふたをしていても問題ありません。魚は二酸化炭素を吐いて、水草がその二酸化炭素で光合成を行う……と循環しているのです。水草に気泡がついているときがありますが、それが光合成でつくり出した酸素です。

もし生物が死んでしまったら？

すぐに取り出し、水を交換しましょう

魚など生き物が死んでしまったら、そのままにせず、すぐにピンセットなどで取り出しましょう。そのままにしておくと腐敗し、水が悪くなります。

原因にかかわらず、念のために水換えをしておくと安心です。水質なのか、温度なのか原因を探り、対策をしましょう。

魚とエビをいっしょに飼ってもいい？

エビは製作１か月後から入れましょう

小型のエビならいっしょに飼えますが、１匹までにしましょう。ただし、ベタやグラミーはエビをつついてしまうので、いっしょにできません。エビは、ボトリウムが落ち着いて、自然環境に近くなった１か月後以降に入れましょう。

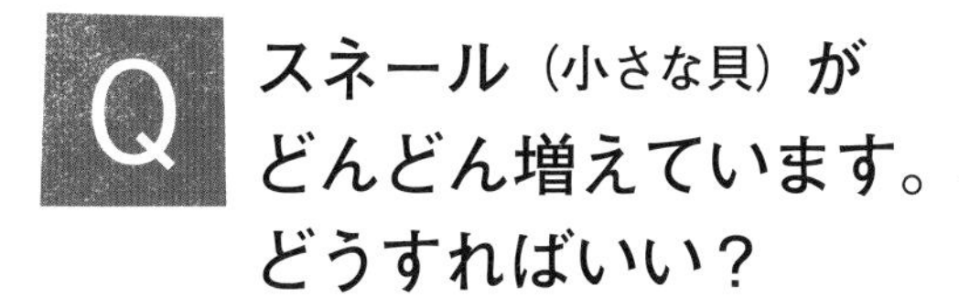

Q スネール（小さな貝）が どんどん増えています。どうすればいい？

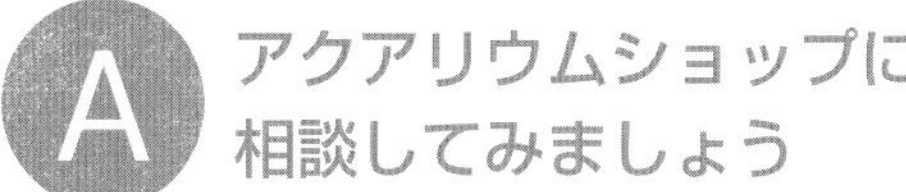

A アクアリウムショップに相談してみましょう

貝は水草についてやってきます。気になるほど増えたら、取り出しましょう。1ℓの容器に5㎜のスネール5匹程度までにします。増えすぎたら、アクアリウムショップに相談したり、新しいボトリウムをつくって移し替えたりします。あまりに増えすぎると水草の食害にあうので、こまめにチェックしましょう。

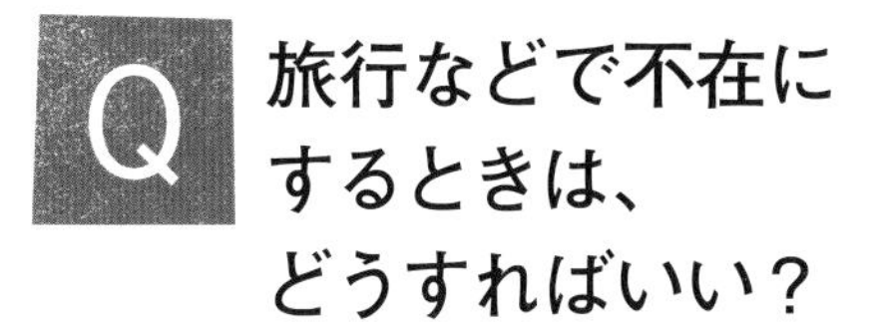

Q 旅行などで不在にするときは、どうすればいい？

A 3日程度であれば問題ありません

暑すぎず、光が入る場所に置いてあれば、魚がいても3日程度は問題ありません。水草だけなら1週間そのままでだいじょうぶです。魚がいて5日以上家を空けるときは、せっかく持ち運べる大きさなので誰かに預けてみてはどうでしょうか。きほんの手入れだけ教えて、ボトリウムを手軽に楽しんでもらいましょう。

Q 砂利の上にあるフンやゴミはどうやって掃除するの？

A スポイトで吸うのがおすすめです

多少のフンがあっても問題ありませんが、あまりにフンや枯葉があるときはスポイトで吸い取りましょう。
スポイトは、ホームセンターなどで売っている「灯油スポイト」がボトリウム容器の大きさには便利です。スポイトでフンやゴミといっしょに水も吸い出して、そのあとに水換えをすると、すっきりきれいになります。

Column

ボトリウムが生まれたきっかけ

ボトリウムを思いついたことは本当に偶然でした。それはまだ、私がペットショップの店員だった時代です。水草の仕事に就き10年にさしかかろうかという頃でした。
「もっと水草を多くの人に楽しんでもらうには……」そんなことを日々考えるなか、あるお客様から「園芸店に水草を紹介したら？　水草も同じ植物なんだし、興味ある人が増えるんじゃないの？」とアドバイスをいただきました。
早速行動にうつそうとしたものの、水草を紹介するために水槽を持参するわけにはいきません。悩むなか、倉庫の中でふと目についたのがひとつのボトルでした。「日頃水槽でつくるレイアウトを、このボトルの中でミニチュアにつくれば……」。そのボトルを手に取り、早速、試作してみました。
そして完成。「いいじゃん、これ！！！」「ふたをして持ち歩いてみても、レイアウトが全然崩れない……大丈夫だ！！持ち運びできるぞ！！」
こうしてできたのが、ボトリウムの原型です。本当に偶然ですが、今となればかけがえのないできごとです。そのときの光景は、今も昨日のように思い出します。これが、『ボトリウム』誕生の瞬間でした。

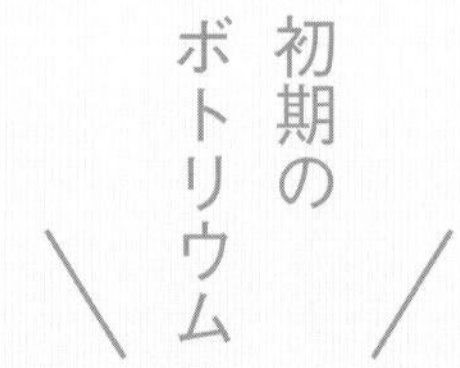

初期の、カラーサンドなどをまだ使用していないもの。水槽で表現していた世界をギュッとボトルに凝縮している。

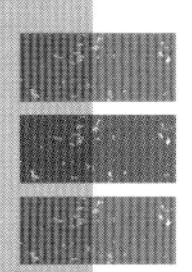

Part 2

いろいろなミニアクアリウムをつくってみよう

きほんのボトリウムができたら、
次はさまざまな形の容器や水草のレイアウトに挑戦。
自由な発想で、個性的な作品をつくって楽しんでみてください。

器で楽しむ

シャンパングラス

細くて、形がおしゃれなシャンパングラスは、水草を1本植えるだけで目を引く作品になります。

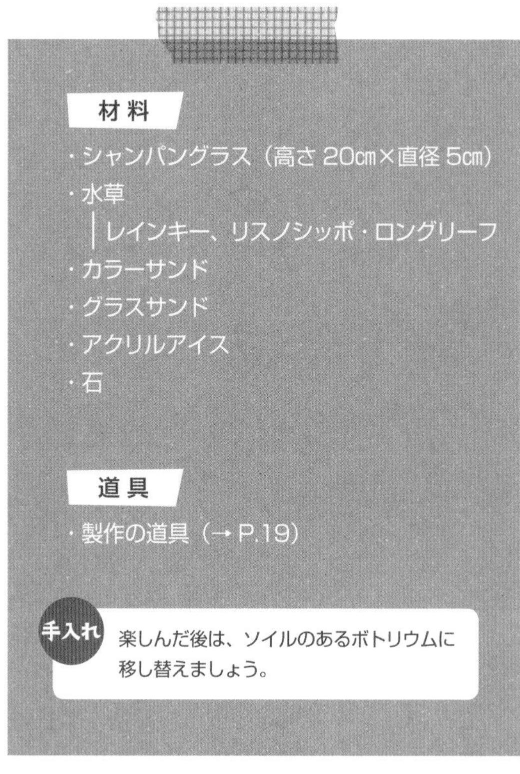

材料

- シャンパングラス（高さ 20㎝×直径 5㎝）
- 水草
  - レインキー、リスノシッポ・ロングリーフ
- カラーサンド
- グラスサンド
- アクリルアイス
- 石

道具

- 製作の道具（→ P.19）

手入れ 楽しんだ後は、ソイルのあるボトリウムに移し替えましょう。

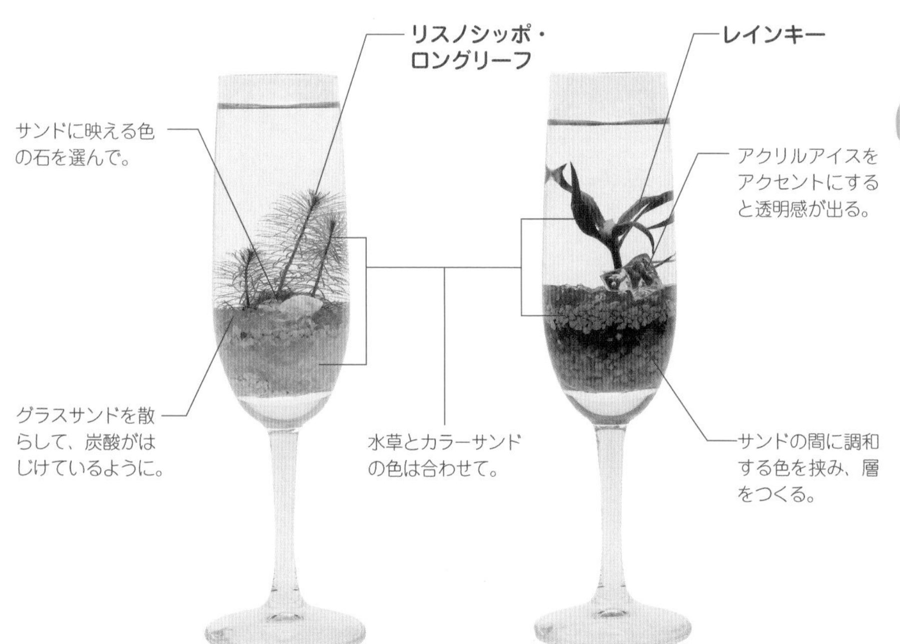

Arrange

丸みのあるワイングラスでも

細長いシャンパングラスでつくるとスタイリッシュなイメージになりますが、丸みのあるワイングラスを使うと温かみが出ます。ワイングラスの大きさに合わせて、水草は2〜3本程度植えるとよいでしょう。

ティーカップ＆ティーポット

とても可愛いガラス製のポットとカップは、緑色でまとめてお茶の雰囲気を出しても素敵です。

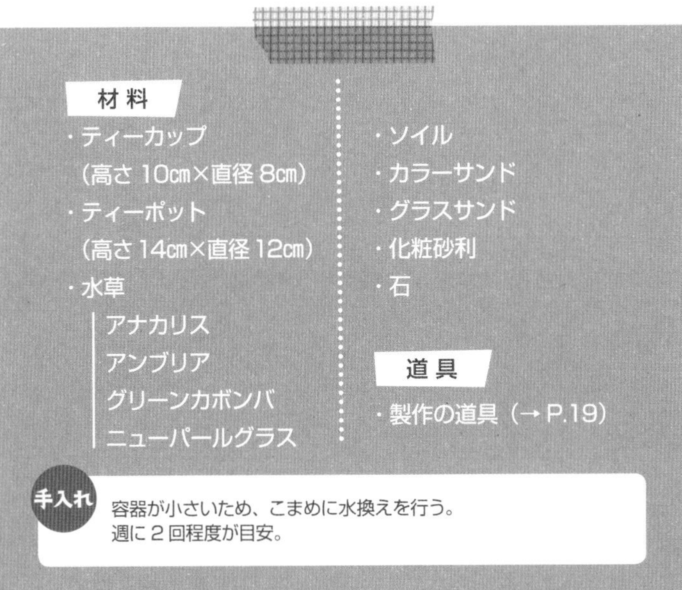

材料

・ティーカップ
（高さ 10㎝×直径 8㎝）
・ティーポット
（高さ 14㎝×直径 12㎝）
・水草
　アナカリス
　アンブリア
　グリーンカボンバ
　ニューパールグラス
・ソイル
・カラーサンド
・グラスサンド
・化粧砂利
・石

道具

・製作の道具（→ P.19）

手入れ　容器が小さいため、こまめに水換えを行う。
週に２回程度が目安。

ニューパールグラスは長めに１本、アクセントに。

カラーサンドと２色のグラスサンドでグラデーション。

長めに使うことの多いアナカリスは、穂先だけ使うといつもと違った印象。

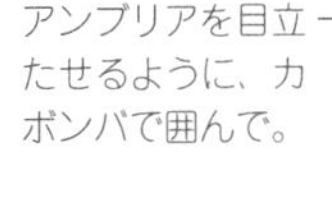

アンブリアを目立たせるように、カボンバで囲んで。

カボンバとアンブリアは同じ高さで植えると統一感が出る。

同じ緑のカラーサンドとグラスサンドを混ぜて使って可愛らしく。

化粧砂利を一番下に敷くことで、しまった印象に。

試験管

カラフルなサンドと水草で、個性的につくりましょう。
ソイルを使っていないので、一時の演出に。

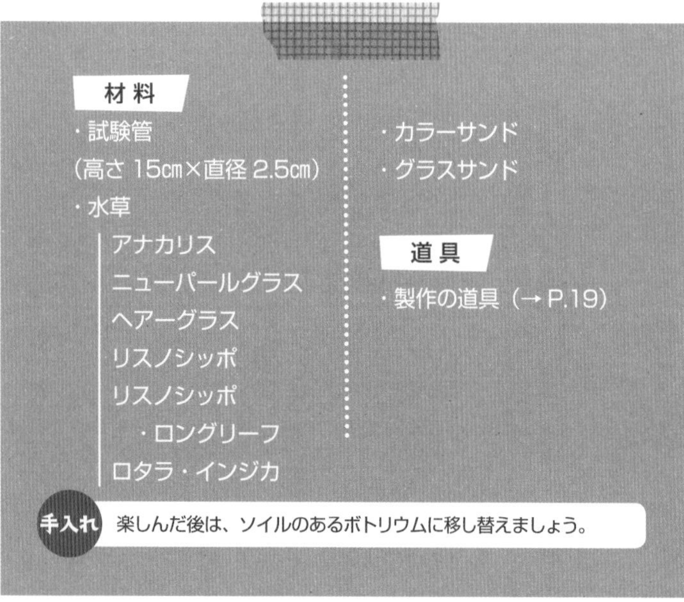

材料

- 試験管（高さ 15㎝×直径 2.5㎝）
- 水草
  - アナカリス
  - ニューパールグラス
  - ヘアーグラス
  - リスノシッポ
  - リスノシッポ・ロングリーフ
  - ロタラ・インジカ
- カラーサンド
- グラスサンド

道具

- 製作の道具（→ P.19）

手入れ 楽しんだ後は、ソイルのあるボトリウムに移し替えましょう。

サンドの比率を変えて、いろいろ楽しんでみて。

3 色違ったサンドを重ねても可愛い。

ミニガラス キャニスター

高さ10cm程度のガラスキャニスターは、かんたんにつくれて、いろいろな場所に置けるのが魅力です。

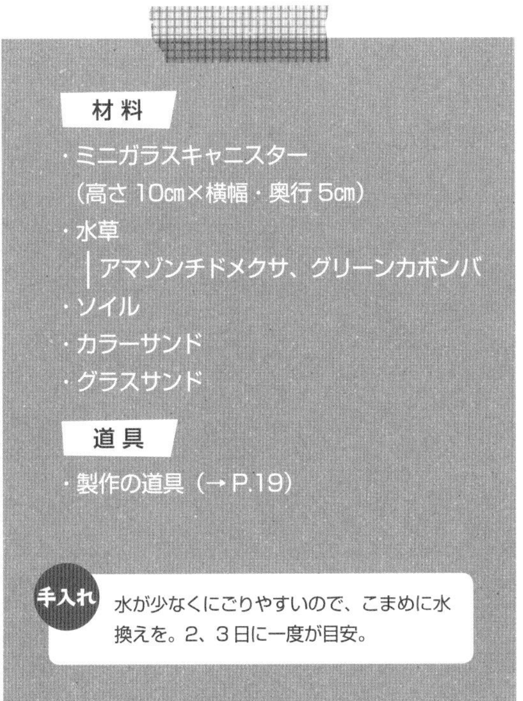

材料

- ミニガラスキャニスター
  （高さ 10cm×横幅・奥行 5cm）
- 水草
  ｜アマゾンチドメクサ、グリーンカボンバ
- ソイル
- カラーサンド
- グラスサンド

道具

- 製作の道具（→ P.19）

手入れ 水が少なくにごりやすいので、こまめに水換えを。2、3日に一度が目安。

Point!

小さい容器は葉の形を楽しんで

P.40の試験管も同じですが、小さい容器には水草が1、2種類しか入れられません。だからこそ可愛い水草の葉の形に注目できるというもの。葉の形に特徴があるものを植え、いくつか並べて違いを楽しんでみてもよいでしょう。

びんの中に小びん

小びんをびんに入れ、ふたつのボトリウムの世界を融合。ここでは、海底に宝物が沈んだイメージでつくりました。

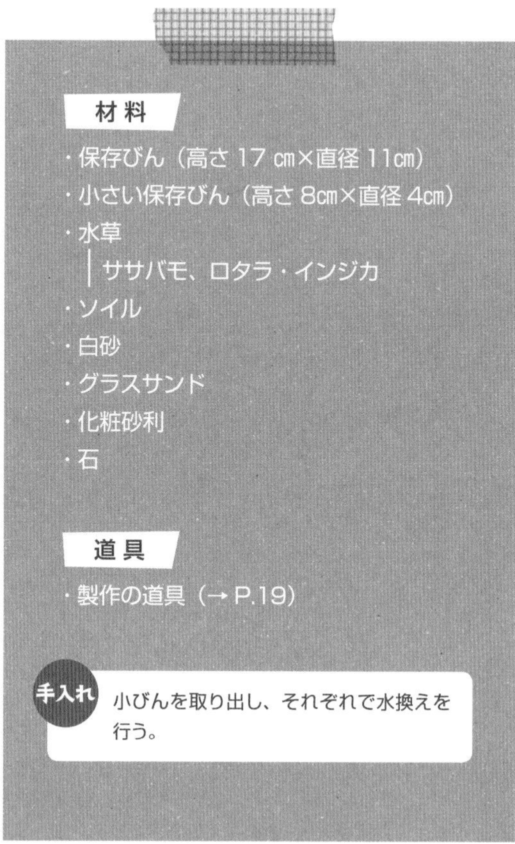

材料

- 保存びん（高さ 17 ㎝×直径 11㎝）
- 小さい保存びん（高さ 8㎝×直径 4㎝）
- 水草
  - ササバモ、ロタラ・インジカ
- ソイル
- 白砂
- グラスサンド
- 化粧砂利
- 石

道具

- 製作の道具（→ P.19）

手入れ 小びんを取り出し、それぞれで水換えを行う。

Arrange

びんのふたは開いていても OK

中に入れるびんに、今回はふたつきを使いましたが、ふたの開いているものでもOK。水が行き来するため、びんを中に入れたまま水換えも行えます。この場合、世界がつながるように、色味を似せてつくるのもよいでしょう。

小びんに注目が行くように、シンプルな水草1種類だけを植える。ここではササバモを使い、海藻に見立てた。

細かい白砂で、海底の砂面を表現。表面にはピンク色の化粧砂利を少し散らして。

小びんの中には赤いロタラ・インジカを入れて目を引くように。

海底の石を黒い石で表現。びんを固定するように囲む。

黄緑色のグラスサンドで、キラキラと輝く宝物を表現。

キューブ形水槽

同じ形の水槽が並ぶだけでキュートですが、積み重ねられるタイプは気分で形を変えて楽しめます。

材料

- キューブ形水槽※（高さ11cm×横幅・奥行10cm）
- 水草
  - アナカリス
  - グリーンカボンバ
  - ニューパールグラス
  - ハイグロ
  - バコパ・モンニエリ
  - リスノシッポ・ロングリーフ
  - ルドウィジア
- ソイル
- カラーサンド
- グラスサンド
- 石
- 生物
  - アカヒレ
  - ゼブラダニオ

道具

- 製作の道具（→ P.19）

手入れ 高さのない容器なので、水草のトリミングはこまめに。

※ジェックス株式会社のものを使用（詳しくは P.96）。

●上から

石で、サンドと水草の場所をゾーン分け。水草ゾーンにオレンジ色のサンドを使い、正面から少し見えるように。

3つ並べて上から見たときに、石がアーチ状になるように並べる。押して、しっかりと安定させる。

グリーンカボンバ、アナカリスの合間にニューパールグラスを密に植えて。

●正面から

同じアナカリスでも、丈を変えていくつか植えてみて。

中央の水槽には丸く、大きめの石を置いて。

青色のグラスサンドと白い石でさわやかさを演出。

ガラスボウル

平たい容器は、上から見て楽しんで。水の外でも生きられる水草を植えると、迫力が出ます。

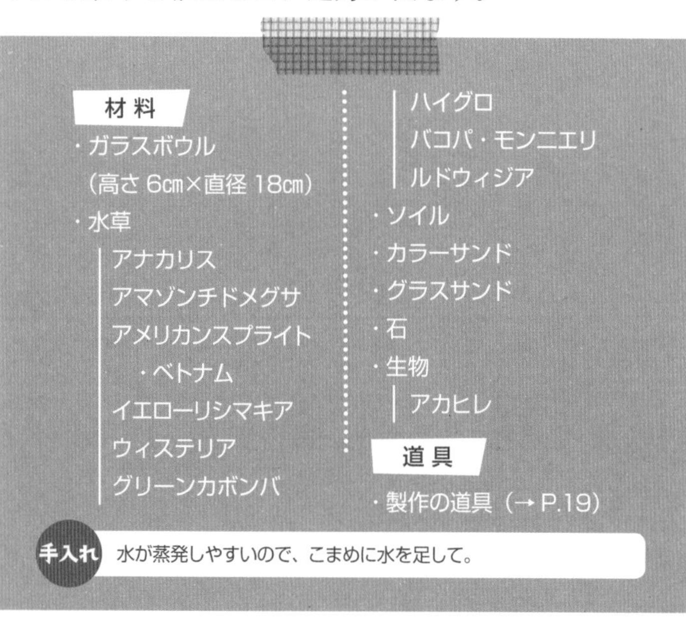

材料

- ガラスボウル
  （高さ 6㎝×直径 18㎝）
- 水草
  - アナカリス
  - アマゾンチドメグサ
  - アメリカンスプライト
    ・ベトナム
  - イエローリシマキア
  - ウィステリア
  - グリーンカボンバ
  - ハイグロ
  - バコパ・モンニエリ
  - ルドウィジア
- ソイル
- カラーサンド
- グラスサンド
- 石
- 生物
  - アカヒレ

道具

- 製作の道具（→ P.19）

手入れ 水が蒸発しやすいので、こまめに水を足して。

ウィステリアは伸ばして外に出し、水の中と外2種類の葉を楽しむ。

石がちらりと見える程度にボリュームをもたせて水草を植栽。ふさふさした水草から小さい葉の水草の順に。

大き目の石で水草とサンドの場所を分け、その前に小石を散らして配置。

ガラスに合う、さわやかな水色のサンドをベースに白い小石とグラスサンドで透明感を。

赤い茎と葉の形が可愛いアマゾンチドメグサは伸びて器の外側へ出ると雰囲気アップ。

土鍋

陶器の土鍋には、色合いの落ち着いた砂利と石、和を感じさせる水草をチョイス。上から楽しみましょう。

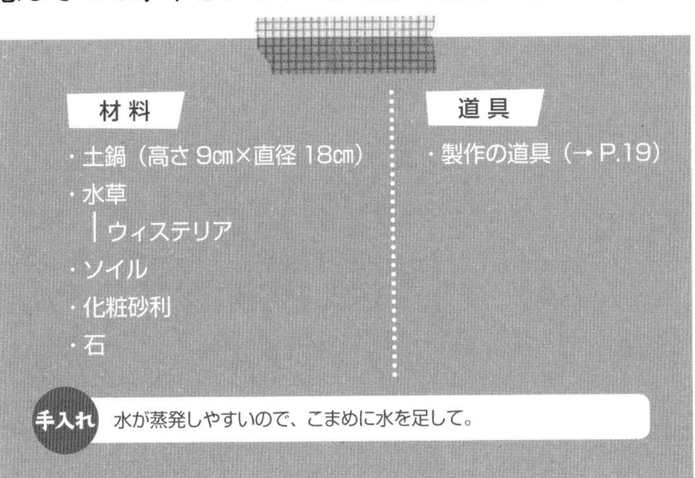

材料

- 土鍋（高さ 9cm×直径 18cm）
- 水草
  - ウィステリア
- ソイル
- 化粧砂利
- 石

道具

- 製作の道具（→ P.19）

手入れ 水が蒸発しやすいので、こまめに水を足して。

上から見て見栄えがするよう、中心に大きな石を置いてワンポイントに。

水草を引き立てるように、合間に黒い石を置くと和の雰囲気に。

ウィステリア１種のみを使い、水中の葉（水中葉）と外に出た葉（水上葉）の形の違いを楽しむ。

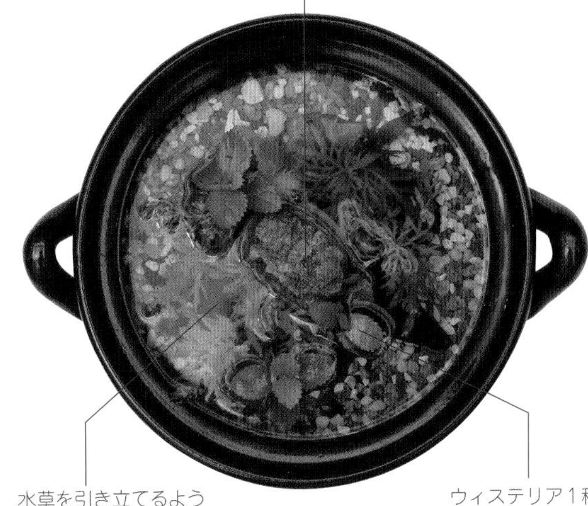

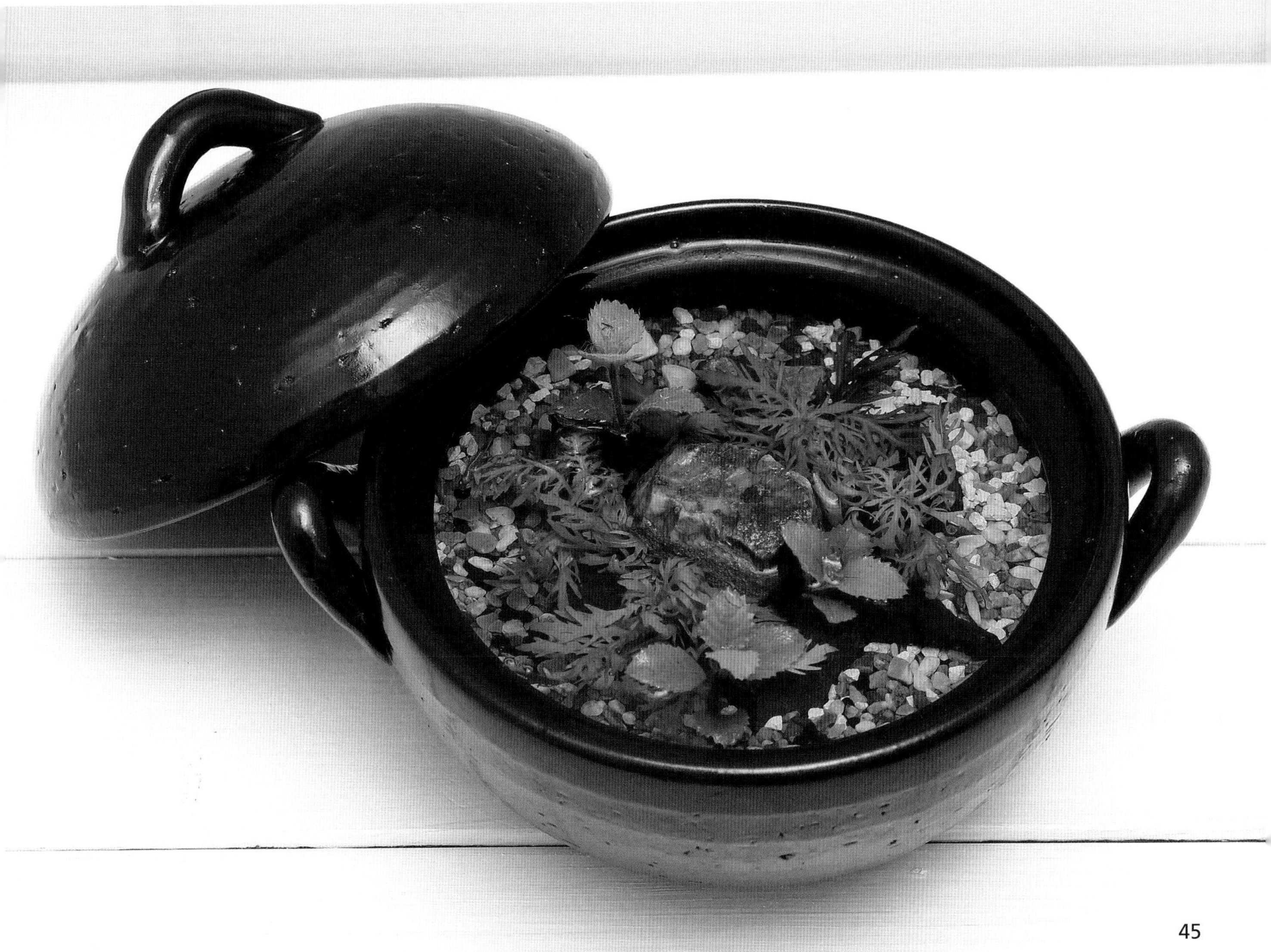

平形ガラスボウル

上から楽しむ平形容器は、魚の泳ぐスペースを確保しつつ、水草をスペースいっぱいに植えると見ごたえが。

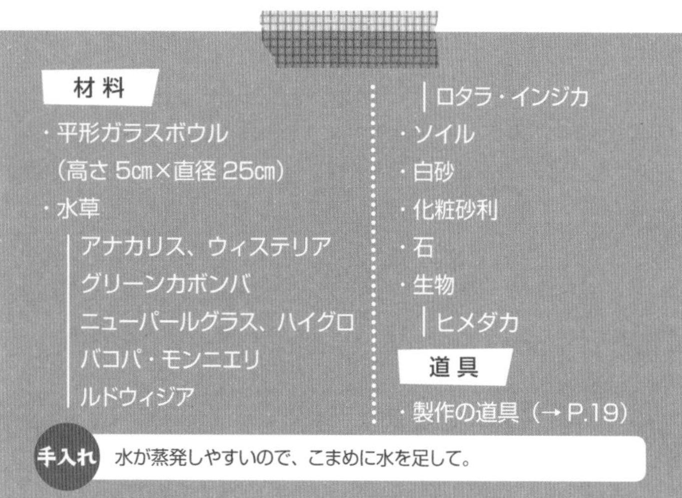

材料

- 平形ガラスボウル
  （高さ 5cm×直径 25cm）
- 水草
  - アナカリス、ウィステリア
  - グリーンカボンバ
  - ニューパールグラス、ハイグロ
  - バコパ・モンニエリ
  - ルドウィジア
  - ロタラ・インジカ
- ソイル
- 白砂
- 化粧砂利
- 石
- 生物
  - ヒメダカ

道具

- 製作の道具（→ P.19）

手入れ 水が蒸発しやすいので、こまめに水を足して。

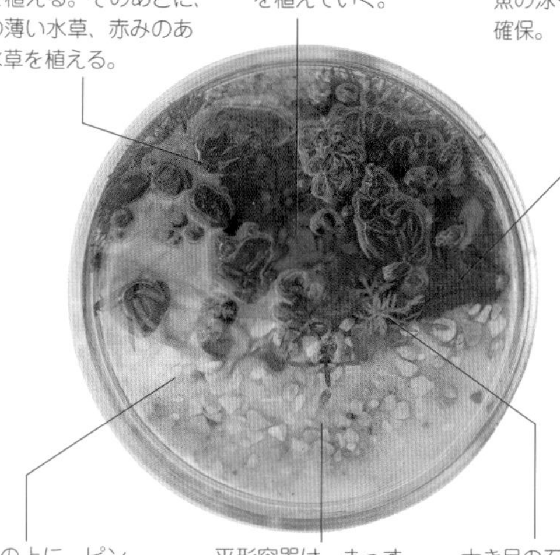

まず、グリーンカボンバやアナカリスのような、ふさふさした緑色の水草を植える。そのあとに、色の薄い水草、赤みのある水草を植える。
ふさふさした水草の合間に、葉の丸い水草、葉の小さい水草を植えていく。
大き目の石で、しっかりと水草とサンドのゾーンを分けて、魚の泳ぐスペースを確保。
白砂の上に、ピンクの化粧砂利を散らして水草との調和を目指す。
平形容器は、まっすぐ泳げる広めのスペースがとれるので、メダカのようなからだがしなりにくい魚が楽しめる。
大き目の石の上にそよぐように、ウィステリアのような葉の形の美しい水草を植えるのがおすすめ。

円筒形花びん

高さのある花びんに、長い枝を中心としてまわりに背の高いグリーンカボンバを植え、松に見立てました。

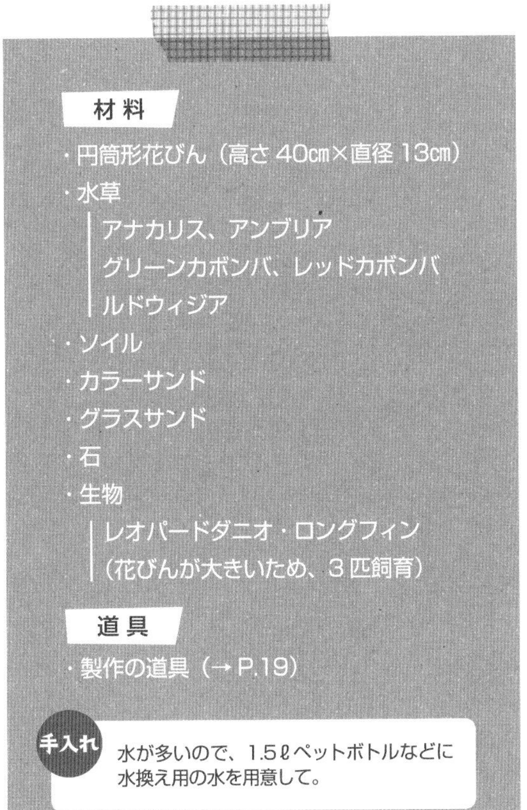

材料

- 円筒形花びん（高さ 40cm×直径 13cm）
- 水草
  - アナカリス、アンブリア
  - グリーンカボンバ、レッドカボンバ
  - ルドウィジア
- ソイル
- カラーサンド
- グラスサンド
- 石
- 生物
  - レオパードダニオ・ロングフィン（花びんが大きいため、3 匹飼育）

道具

- 製作の道具（→ P.19）

手入れ 水が多いので、1.5ℓペットボトルなどに水換え用の水を用意して。

ブックタイプ花びん

横幅が広く奥行のない花びんは、いろいろな水草を並べて植えて、シンプルなその美しさを楽しみましょう。

材料

・ブックタイプ花びん
（高さ 18cm×横幅 30cm ×直径 8.5cm）
・水草
　アンブリア
　ウィステリア
　グリーンカボンバ
　ツーテンプル
　ニューパールグラス
　ハイグロ
　ピグミーチェーン・サジタリア
　ルドウィジア
・ソイル
・化粧砂利
・石
・生物
　ミッキーマウスプラティ
　（花びんが大きいため、2匹飼育）

道具

・製作の道具（→ P.19）

手入れ 伸びすぎる前に、こまめに水草のトリミングを行う。

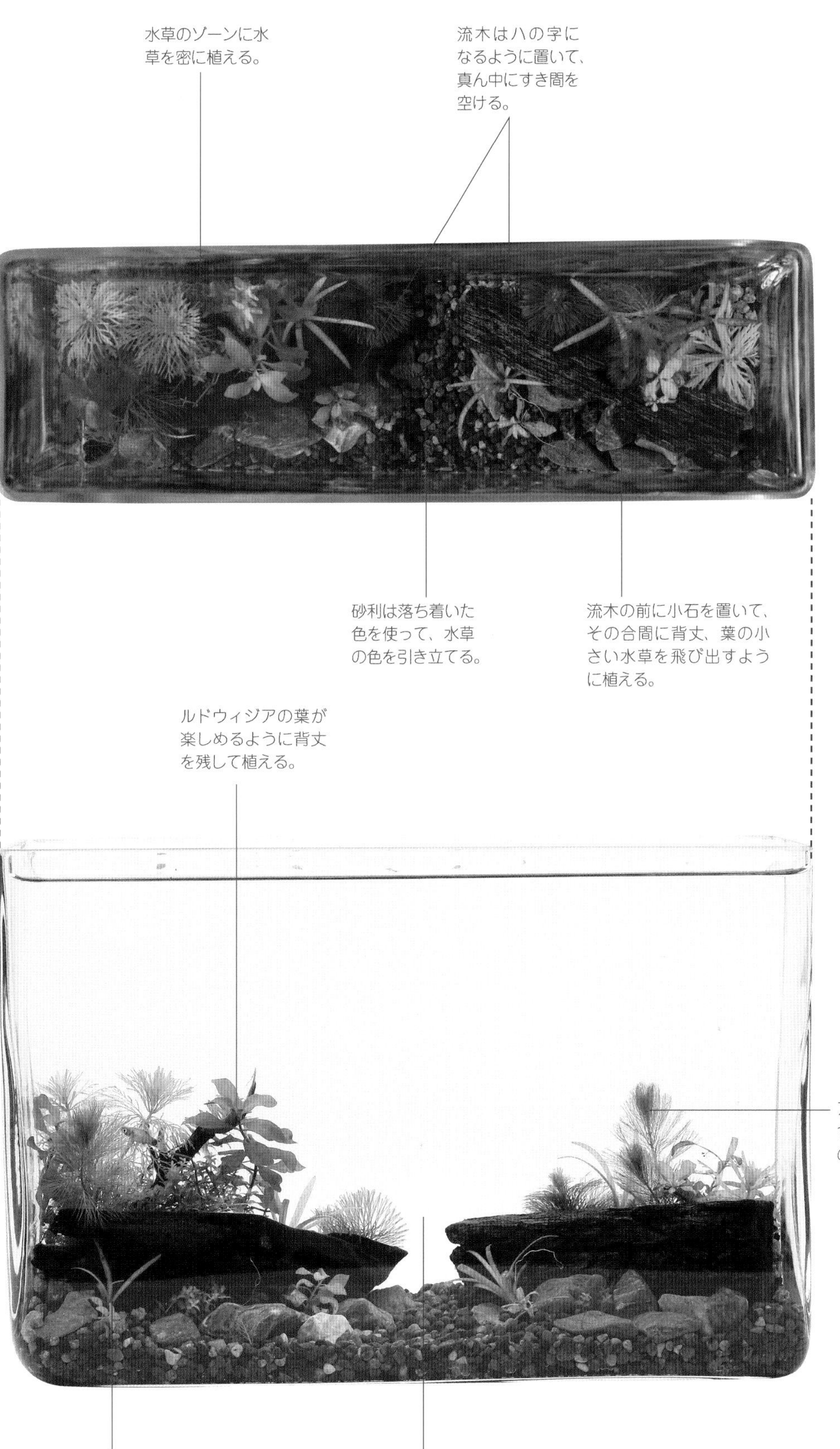
●上から
水草のゾーンに水草を密に植える。
流木はハの字になるように置いて、真ん中にすき間を空ける。
砂利は落ち着いた色を使って、水草の色を引き立てる。
流木の前に小石を置いて、その合間に背丈、葉の小さい水草を飛び出すように植える。
●正面から
ルドウィジアの葉が楽しめるように背丈を残して植える。
アンブリアを目立つように植え、葉のそよぎを楽しむ。
流木の濃い茶色に映えるように、薄い黄緑色のピグミーチェーン・サジタリアを植える。
道をつくり、間には何も植えない空間を取って広がりを出す。

上級者編
Teacher's
テクニック

大リカーびん

大きなリカーびんは、ボトリウムに慣れた頃に挑戦。
水草の「高さ」と「色」に気をつけて植栽します。

材料

- 大リカービン（高さ21cm×直径15cm）
- 水草
  - アンブリア
  - ウィステリア
  - グリーンカボンバ
  - ツーテンプル
  - ニューパールグラス
  - ハイグロ
  - ハイグロ・ロザエネルビス
  - バリスネリア・スピラリス
  - ヘアーグラス
  - ルドウィジア
  - レッドカボンバ
- ソイル
- カラーサンド
- グラスサンド
- アクリルアイス
- 石
- 生物
  - レオパードダニオ・ロングフィン

道具

- 製作の道具（→P.19）

手入れ 水が多いので、1.5ℓペットボトルなどに水換え用の水を用意して。

濃い緑色の水草から植えていき、赤みのある水草は最後に植えてアクセントに。

石は個数を使い、段になるように配置すると立体感が出る。

カラーサンドは雰囲気をつくる。ここでは温かみのある緑色とオレンジ色を合わせた。

後段は背が高く、ふわふわした水草をベースに植える。

中段は葉の形がおもしろいもの、濃い緑色の水草をベースに植える。

前段は背丈が低く、葉が可愛らしいものをベースに植える。

ヘアーグラスを水草や石の合間に植え、作品に緻密さをプラス。

世界を楽しむ

四季 〜春〜

ボトリウムでは、季節感を出すこともできます。春の場合、淡くやさしい色合いをベースにつくりましょう。

材料

・ガラスキャニスター（高さ17cm×直径12cm）
・水草
　アンブリア、ハイグロ
　ハイグロ・ロザエネルビス
　バコパ・モンニエリ
　ロタラ・インジカ
・ソイル
・カラーサンド
・グラスサンド
・小石
・枝（太いもの、細いもの）

道具

・製作の道具（→P.19）
・電動ドリル

手入れ 景色を壊さないよう、こまめに水草の手入れを。

●上から

新緑のイメージ。さわやかな黄緑色の水草や、淡いピンク色の混じるハイグロ・ロザエネルビスがおすすめ。

●正面から

太目の枝の上部に、電動ドリルで穴を開けてロタラ・インジカを植えて桜の木に見立てる。

桜の木とのバランスで、右サイドに小枝を配置。

桜の木をメインに、下の水草は高さを抑える。

ピンク色や白色、淡い緑色で暖かい春のイメージを出して。

四季 ～夏～

青色のカラーサンドをベースにして、さわやかな夏のビーチをイメージしました。

材料

- ・ガラスキャニスター（高さ17㎝×直径12㎝）
- ・水草
  - アナカリス、アンブリア
  - ハイグロ、ニューパールグラス
  - バコパ・モンニエリ
  - ロタラ・インジカ
- ・ソイル
- ・カラーサンド
- ・グラスサンド
- ・石
- ・生物
  - アカヒレ

道具

- ・製作の道具（→ P.19）

手入れ 景色を壊さないよう、こまめに水草の手入れを。

●正面から

水草は赤みの少ない、薄めの緑色のものをベースに使ってさわやかさを演出。

手前の石のすき間にニューパールグラスを植え、可愛さを出す。

同じ高さのバコパ・モンニエリを並べて植え、そよぎを楽しむ。

まとまりを出して景色を引き締めるため、黒く角ばった石をチョイス。

水色と白色のサンドをベースに、濃い青のグラスサンドを散らして透明感を出す。

●上から

手前のサンドのスペースは多めに取り、水辺の雰囲気に。

四季 ～秋～

秋はやや寂しいながらも暖かいイメージ。赤みのある水草を多めに使って、雰囲気を出しましょう。

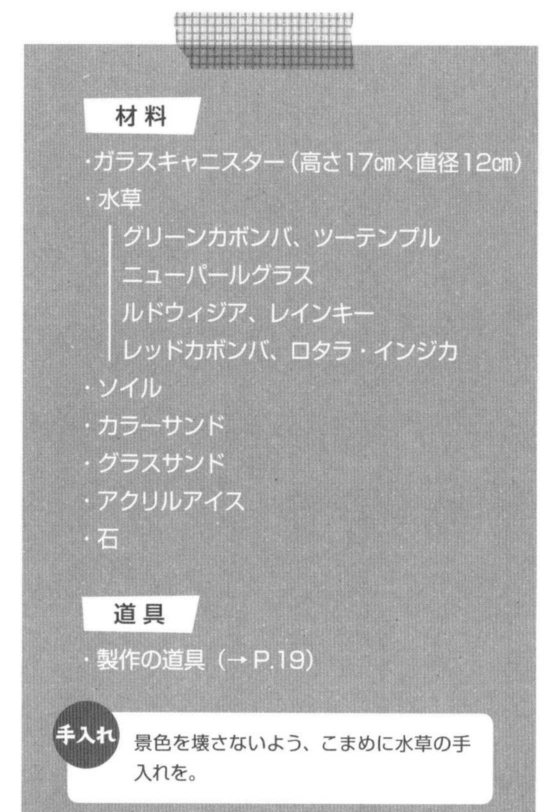

材料

- ガラスキャニスター（高さ17cm×直径12cm）
- 水草
  - グリーンカボンバ、ツーテンプル
  - ニューパールグラス
  - ルドウィジア、レインキー
  - レッドカボンバ、ロタラ・インジカ
- ソイル
- カラーサンド
- グラスサンド
- アクリルアイス
- 石

道具

- 製作の道具（→ P.19）

手入れ 景色を壊さないよう、こまめに水草の手入れを。

●正面から

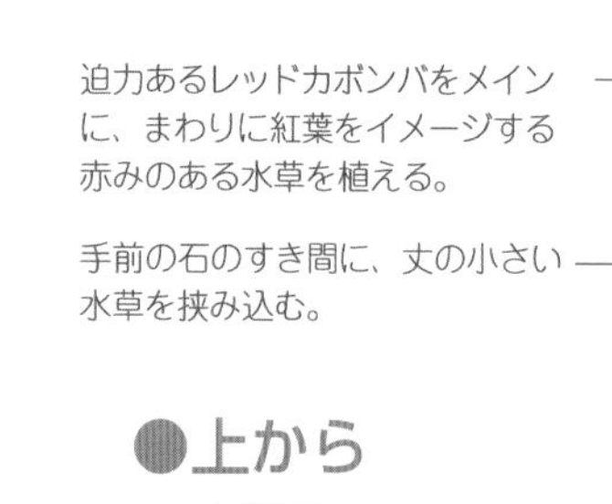

迫力あるレッドカボンバをメインに、まわりに紅葉をイメージする赤みのある水草を植える。

手前の石のすき間に、丈の小さい水草を挟み込む。

小石は奥に黒を置いて引き締め、手前は小さい茶系や赤色のものを配置。

黄色、オレンジ色のサンドをベースに、赤いグラスサンドを散らして温かみのある印象に。

●上から

四季 〜冬〜

樹木までも凍てつくような氷の世界。真っ白い「白砂」は、雪を表現するのにピッタリです。

材料

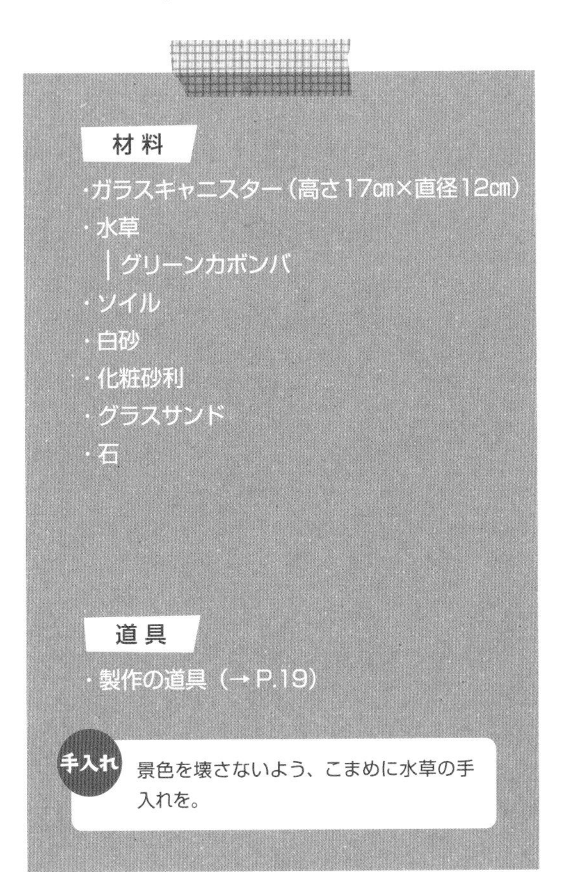

- ガラスキャニスター（高さ17㎝×直径12㎝）
- 水草
  - グリーンカボンバ
- ソイル
- 白砂
- 化粧砂利
- グラスサンド
- 石

道具

- 製作の道具（→P.19）

手入れ 景色を壊さないよう、こまめに水草の手入れを。

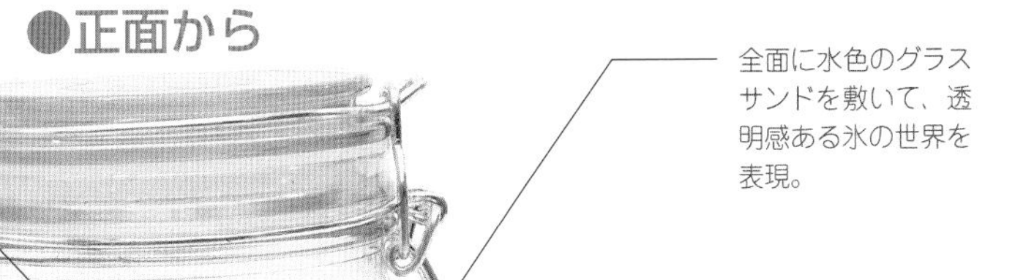

●正面から

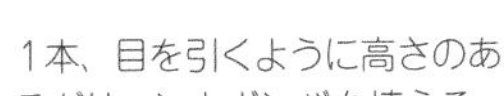

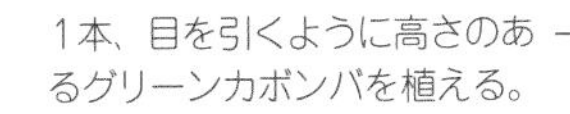

1本、目を引くように高さのあるグリーンカボンバを植える。

短く切ったグリーンカボンバの穂先を入れる。水草は植えすぎずシンプルに、植物の少ない冬の景色を表現。

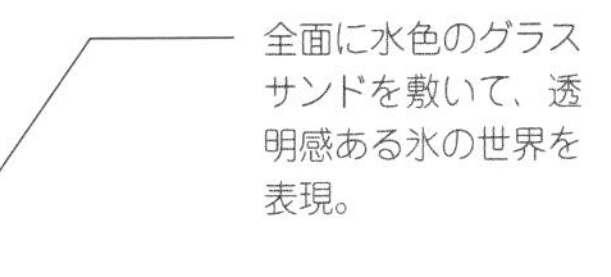

全面に水色のグラスサンドを敷いて、透明感ある氷の世界を表現。

完成後に、白砂をカボンバの上に散らすと粉雪が降りかかっているようなイメージに。

白砂で雪や氷を表しながら、その下で雪解けを待つ土のように茶色の化粧砂利を敷く。

白い小石を使って、氷のかたまりを表現。

●上から

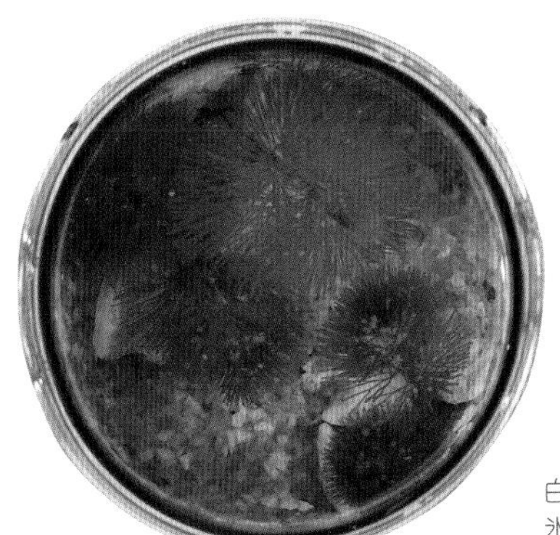

マスコットでファンシー

花びんの奥行を利用して、おとぎ話のような小道を製作。マスコットを飾って可愛いイメージに。

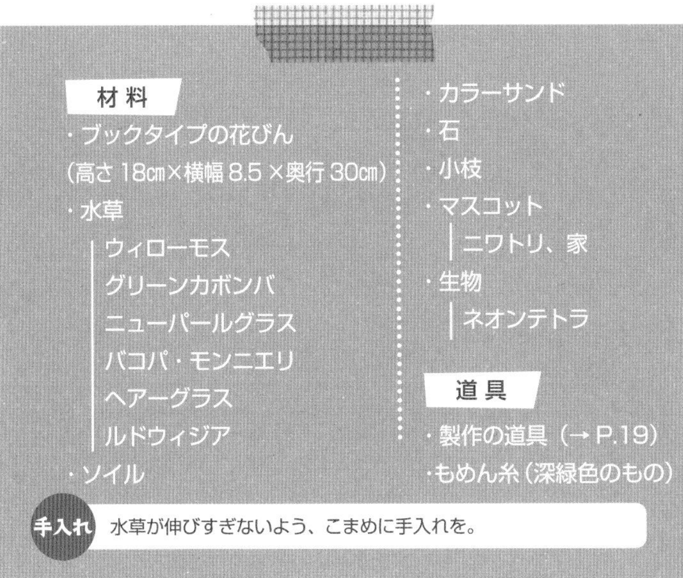

材料

- ブックタイプの花びん（高さ 18㎝×横幅 8.5 ×奥行 30㎝）
- 水草
  - ウィローモス
  - グリーンカボンバ
  - ニューパールグラス
  - バコパ・モンニエリ
  - ヘアーグラス
  - ルドウィジア
- ソイル
- カラーサンド
- 石
- 小枝
- マスコット
  - ニワトリ、家
- 生物
  - ネオンテトラ

道具

- 製作の道具（→ P.19）
- もめん糸（深緑色のもの）

手入れ 水草が伸びすぎないよう、こまめに手入れを。

●横から

小枝にウィローモスを糸で巻き付け、樹木のように仕立てる。家の後ろに配置。

ソイルに傾斜をつけ、メインのマスコットを一番上へ目立つように置く。

●正面から

後方には、ルドウィジアなど大きめの葉の水草を長めに植える。

中段には、ふわふわした葉や赤みのある葉などを植える。

手前には、ニューパールグラスなど小さくて可愛い印象の水草を植える。

小石は茶色のソイルに目立つ、白やピンク色がよい。

●上から

小石で、水草とソイルのゾーンを分ける。小石は動かないように押して置く。

手前の水草のゾーンの一部に、緑色のカラーサンドを散らして芝生のイメージに。

カラフル＆ポップ

形に特徴のある牛乳びんを使い、サンドの色使いにこだわって可愛く仕上げました。

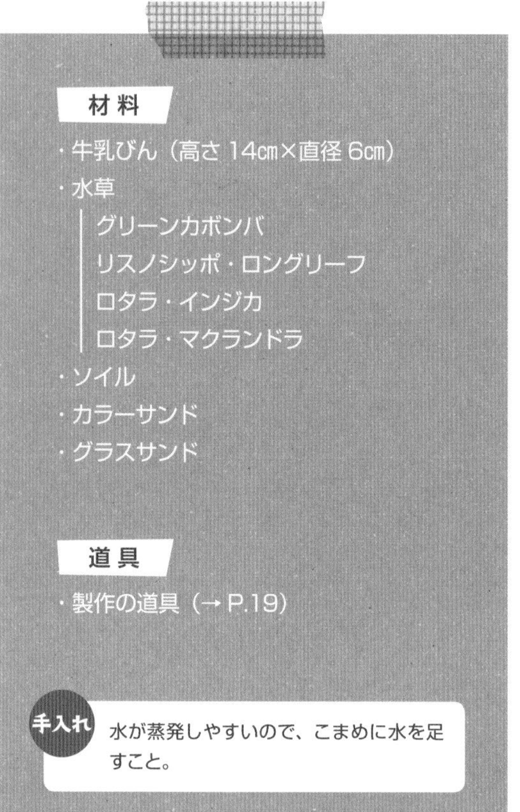

材料

・牛乳びん（高さ 14㎝×直径 6㎝）
・水草
　グリーンカボンバ
　リスノシッポ・ロングリーフ
　ロタラ・インジカ
　ロタラ・マクランドラ
・ソイル
・カラーサンド
・グラスサンド

道具

・製作の道具（→ P.19）

手入れ　水が蒸発しやすいので、こまめに水を足すこと。

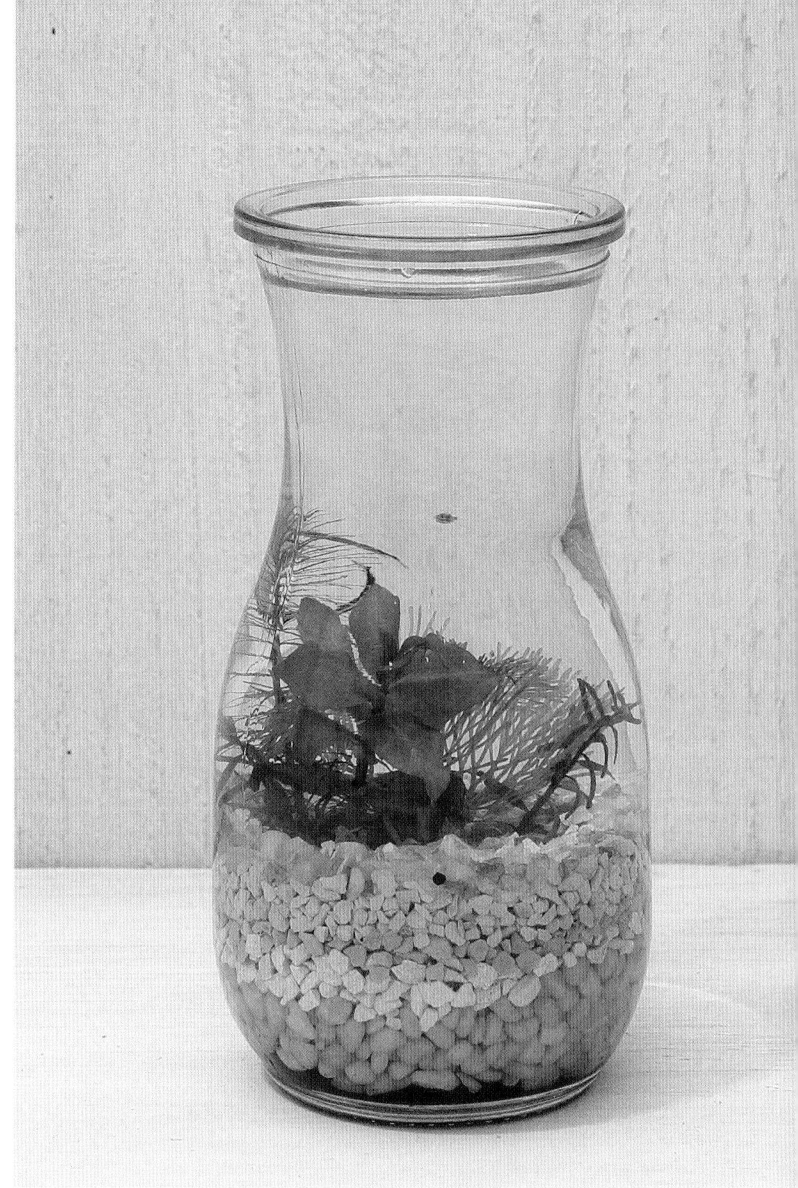

ふさふさしたリスノシッポは、後ろに高さを出して植えて。

花のような赤いロタラ・マクランドラは、新芽が見えるようにして華やかに。

さわやかな緑色のグリーンカボンバを背景にして、赤みのあるロタラ・インジカを引き立たせて。

表面にはグラスサンド、カラーサンドを数色混ぜてカラフルに。

存在感あるピンク色の半透明なサンドをたっぷり使って可愛らしく。

Point!

丸みのある容器でよりポップに

ポップで可愛らしい雰囲気を出すには、一番にサンドをカラフルに使うことですが、容器に丸みのあるものを使うことも重要です。四角い容器だとシャープな印象が出ます。出したい雰囲気で、容器の形を使い分けましょう。

富士山と茶畑

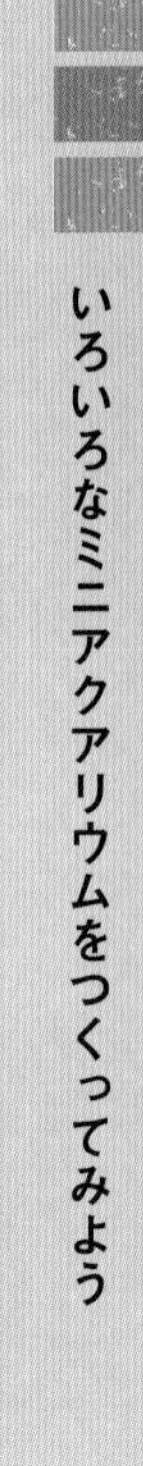

世界遺産・三保の松原の風景をつくりました。球体容器のポイントは、水草とサンドのゾーンをしっかりと分けること、壁面を利用して高さを出すことです。

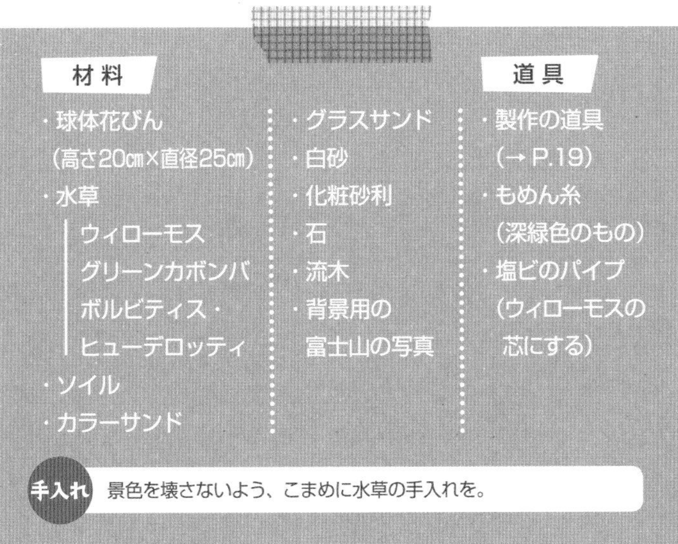

材料

- 球体花びん（高さ20㎝×直径25㎝）
- 水草
  - ウィローモス
  - グリーンカボンバ
  - ボルビティス・ヒューデロッティ
- ソイル
- カラーサンド
- グラスサンド
- 白砂
- 化粧砂利
- 石
- 流木
- 背景用の富士山の写真

道具

- 製作の道具（→ P.19）
- もめん糸（深緑色のもの）
- 塩ビのパイプ（ウィローモスの芯にする）

手入れ 景色を壊さないよう、こまめに水草の手入れを。

●正面から

枝のまたにボルビティス・ヒューデロッティを差し込み、松の木に見立てる。

高さのある四角い石で茶畑と区切り、奥にやや高さのあるグリーンカボンバを植える。

ソイル、化粧砂利を左側に高さが出るように敷いて立体感を出す。

富士山の写真を、容器の外から貼る。

●上から

塩ビのパイプにウィローモスを巻き付け、糸で巻いて数個置き、茶畑に見立てる。

上から見て、水面に広がるような大きめのボルビティス・ヒューデロッティを選び、インパクトを。

太目の流木で水草とサンドのゾーンをしっかり分ける。

短めに切ったグリーンカボンバをウィローモスの茶畑を囲うように植える。

白、水色、青のサンドを混ぜて海と波を表現。

ジャングル

水草を思いきり楽しめる作品です。サンドの色は抑え、さまざまな形と色の水草を盛りだくさんに植えます。

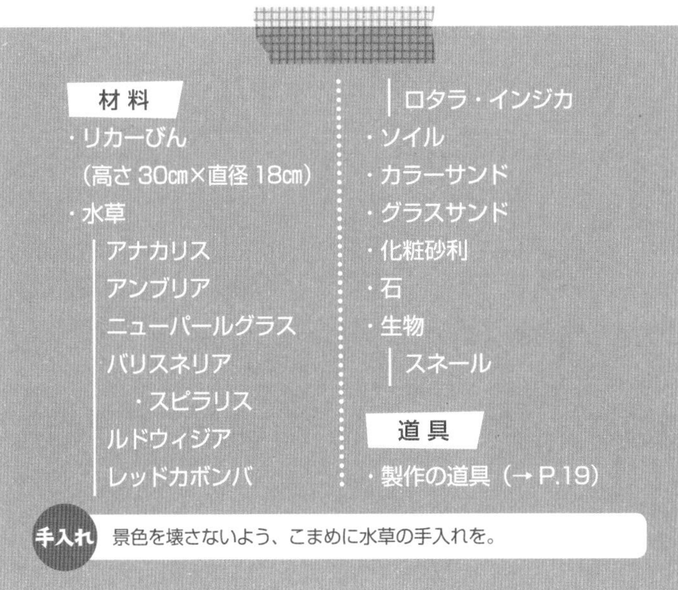

材料

- リカーびん
  （高さ 30㎝×直径 18㎝）
- 水草
  - アナカリス
  - アンブリア
  - ニューパールグラス
  - バリスネリア・スピラリス
  - ルドウィジア
  - レッドカボンバ
  - ロタラ・インジカ
- ソイル
- カラーサンド
- グラスサンド
- 化粧砂利
- 石
- 生物
  - スネール

道具

- 製作の道具（→ P.19）

手入れ 景色を壊さないよう、こまめに水草の手入れを。

Arrange

角ばった石で雰囲気が変わる

ここでは丸くてオレンジ色の石を使っていますが、角ばった黒い石を使うと、やや和の印象が出ます。使う石ひとつで、作品の雰囲気がガラッと変わります。イメージに合わせてチョイスすることが大切です。

バリスネリア・スピラリスは後ろに植えて、水のそよぎを楽しんで。

アナカリスは高さを出して植えて、インパクトを出す。

丸みのある大きめの石で、荒っぽい自然感を出す。

色味を抑えた化粧砂利とサンドで、水草を引き立てる。

レッドカボンバは高さを出して中心に1本植え、目立たせる。

容器の中央にふさふさしたグリーンカボンバを数本植え、水草の密度を濃く見せる。

手前の石の周にはニューパールグラスやルドウィジアを小さく植えて、込み入った感じを出す。

上級者編

Teacher's
テクニック

日本庭園と金魚

和の雰囲気のあるボトリウムです。金魚は飼えないので、マスコットで代用します。
水草の個性を出すよりも、全体の調和を考えてつくります。

材料

- 球体花びん（高さ 20㎝×直径 25㎝）
- 水草
  - アナカリス、イエローアマニア
  - ウィステリア
  - グリーンカボンバ
  - ニューパールグラス、ハイグロ
  - ハイグロ・ロザエネルビス
  - リスノシッポ・ロングリーフ
  - ルドウィジア
  - レッドカボンバ
- ソイル
- カラーサンド
- 化粧砂利
- 石
- 陶器のマスコット
  - 金魚（赤、黒）、亀

道具

- 製作の道具（→P.19）

手入れ 景色を壊さないよう、こまめに水草の手入れを。

Arrange

和の雰囲気に合う水草たち

和の雰囲気を出したいときに使う水草には、ウィステリア、グリーンカボンバ、アナカリス、ニューパールグラスがおすすめ。それぞれ形や色は違いますが、個性的に雰囲気を出してくれます。下の使い方をチェックしてみましょう。

●正面から

アナカリスは後ろに高めに植える。透明感ある緑色がさわやかな印象に。

マスコットは石の上と下に置いて、立体感を。塗装がはげないものなら、なんでもOK。

大きな黒い石を中央に置いて目線を引いて。手前には色が引き立つ、薄い緑のハイグロを。

カボンバの合間に、葉の小さいパールグラス、赤みのあるハイグロ・ロザエネルビスなどを植えていく。

●上から

ウィステリアは主となる石の近くに使い、葉の形を見せると和の雰囲気に。

グリーンカボンバは松のような雰囲気を出してくれるので多めに植え、合間に違った形の葉をアクセントに植える。

白いカラーサンドをベースに、和を感じる茶色の化粧砂利を少し散らす。

ニューパールグラスを正面にまとめて植え、繁みをつくるとツツジのような印象に。

同じような大きさの小石を庭園の飛び石のようにつなげて配置する。

上級者編

Teacher's
テクニック

洋風ガーデン

**さまざまな形の葉の水草を使い、それぞれ個性を立たせるのが洋風に見せるコツ。
流木で段をつくり、水草がしっかり見えるようにしましょう。**

材料

- 球体花びん（高さ 20㎝×直径 25㎝）
- 水草
  - ウィステリア
  - グリーンカボンバ
  - ツーテンプル、テネルス
  - ニューパールグラス、ハイグロ
  - ハイグロ・ロザエネルビス
  - バコパ・モンニエリ
  - ミクロソリウム、レインキー
  - レッドカボンバ
  - ロタラ・インジカ
- ソイル
- 化粧砂利
- 石
- 流木

道具

- 製作の道具（→ P.19）

手入れ 景色を壊さないよう、こまめに水草の手入れを。

Arrange

洋風のきほんは「異形異色」

水草を洋風に仕上げたいなら、それぞれの個性を出して植えるのがコツです。それは、となりに植える水草を「異形異色」にして、1種1種の水草引き立てるということ。つまり、どの水草も可愛らしく見えるように植えるのが大切なのです。

●正面から

太目の流木を３本使い、しっかりと3つのゾーンができるように段をつくる。左に向かって高さを出す。

ツーテンプルやテネルスなど葉の細長い水草は後ろにまとめて植える。葉のそよぎを感じ、さわやかさが出る。

流木の前に小さいハイグロ・ロザエネルピスを植えて、可愛らしく。

石をところどころに置き、手前にウィステリアなど葉の形が印象的な水草を植える。

グリーンカボンバを短く道のように並べて植えて、植木のように見せる。葉の小さいバコパ・モンニエリをともに植える。

色を抑えた白ベースの細かい化粧砂利で、水草を引き立てる。

ちょこっと
アレンジ編

パーティー＆プレゼントに

誕生日プレゼント！

シンプルなボトリウムに可愛いプレートをつけてプレゼント。プレゼント後に自分で水草を足して楽しんでもらいましょう。

つくり方
ピンク色と赤色のグラスサンドを混ぜて一番上に敷き、ガラスの縁にピンセットで押し込んで模様をつくる。白い小石をガラスの縁にそって配置し、中央に短いグリーンカボンバを植える。

カラフルパーティー

ホームパーティーのとき、テーブルに飾ると部屋が華やかになります。形の可愛い容器でカラフルにつくりましょう。

つくり方
シャンパングラスはP.38 参照。石はピンク色、黄色の順にサンドを重ね、一番上に白色、水色、ピンク色のサンドを混ぜて敷く。ガラスの縁にそって短いグリーンカボンバを植え、中央に高さのあるレッドカボンバ、レインキーを植える。

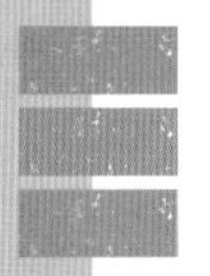

Part 3
もっと簡単！「ボトリウム®」でつくろう

市販のGEXボトリウムシリーズを使えば、ボトリウムがもっと身近に！
きほんのつくり方（P.20～P.24）も参考にしてつくってみましょう。
毎月、手軽にボトリウムを“リフォーム”して楽しむのもおすすめです。

使用する材料と道具

GEX ボトリウムシリーズには、ボトル容器のほか、
ソイル、ウォーター、ストーン、カラーサンドなどがあります。
オンラインショップやアクアリウム専門店で手に入れましょう。

ボトル容器

ボトリウムボトルには、ハニー（約高さ20cm×直径11cm、900mℓ）、シュガー（約高さ14cm×直径10cm、700mℓ）、ミルク（約高さ14cm×直径11.5cm、800mℓ）の3種類があります。つくるボトリウムのイメージにあわせて選びましょう。

水草

ひとつのボトリウムボトルに4種類（4本）程度を使うのがおすすめです。水草図鑑（P.84～P.90）を参考に選び、それぞれ5cmくらいの長さに切っておきおましょう。

●おすすめの水草

アナカリス

グリーンカボンバ

ハイグロ

魚

長持ちさせるために、ひとつのボトリウムで飼える魚は1匹、「ワンルームマンション」ルールがきほんです。ほかに貝を1匹入れてもよいでしょう。生物図鑑（P.91～P.95）を参考に選びましょう。

●おすすめの魚

アカヒレ

ゴールデンアカヒレ

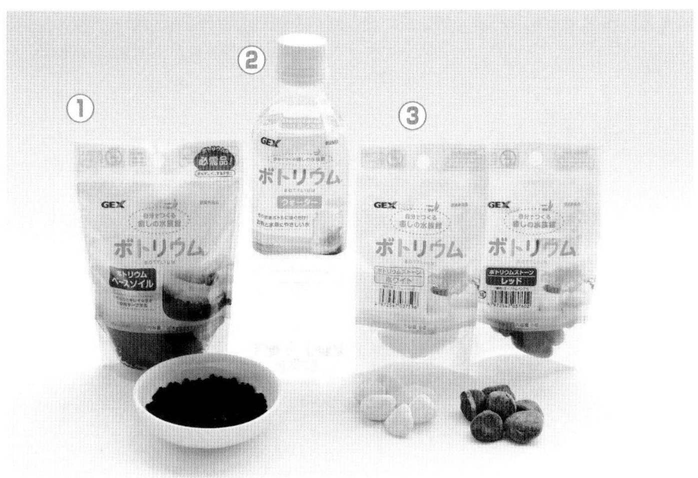

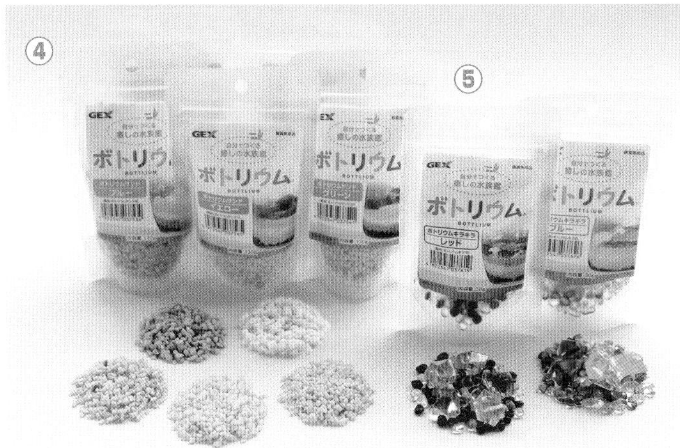

材料

①ベースソイル

ソイルは、魚や水草に最適な水質をつくり、水草を根付かせるための水槽用の土で、ボトリウムづくりの必需品です。

②ウォーター

水道水を使う場合は、カルキ抜きをするために1日くみ置く必要がありますが、これはそのまま使うことができます。水草の栄養入りで、元気に育てることができます。

③ストーン

スペースを区切ったり、立体感を出したりするために使います。ホワイト、レッドの2種類があります。

④カラーサンド

ボトリウムに彩りを加えます。ホワイト、ピンク、イエロー、ブルー、グリーンの5種類があります。

⑤キラキラ

透明感がありキラキラしたサンドの一種で、ボトリウムをはなやかにします。ブルーとレッドの2種類があります。

製作の道具

①水草ピンセット
②スプーン＆レンゲ
③はさみ
④ウールマット
⑤トレー
⑥じょうご
⑦霧吹き

1年12か月のアレンジ

1月

お正月の富士山と新春の風景をイメージした作品です。お正月にみんなが集う部屋や玄関に飾ってみましょう。

材料

- ボトリウムボトル「ミルク」
- 水草
  - グリーンカボンバ、レインキー
- ベースソイル
- ストーン（レッド）
- カラーサンド（ホワイト、イエロー）
- キラキラ（レッド）
- 富士山の写真や絵（ラミネート加工する）

道具

- 製作の道具（→ P.19、P.69）

プチアレンジ　富士山の写真や絵は、ラミネート加工せずにボトルの外側に貼りつけても。

富士山の写真や絵をラミネートして、背景に差し込む。

ストーンを富士山に向かって道のように中央をあけて配置することで、遠近感が出る。

グリーンカボンバを松に見立て、ストーンの周やうしろに配置。

水草やストーンで赤みを取り入れることで、新春らしくおめでたい雰囲気になる。

2月

2月といえばバレンタインデー！　赤&白のストーンやサンドを使って、キュートに仕上げましょう。

表面にキラキラ（レッド）を敷き詰めて、サンド（ホワイト、ピンク）を散らす。
水草は、緑色系のものと赤色系のものをバランスよく植える。
水草とサンドのスペースを分けるように、ストーン（ホワイト）を配置。

材料

- ボトリウムボトル「ハニー」
- 水草
  - ウィステリア
  - ハイグロ
  - ロタラ・インジカ
  - レインキー
- ベースソイル
- ストーン（ホワイト）
- カラーサンド（ホワイト、ピンク）
- キラキラ（レッド）

道具

- 製作の道具（→ P.19、P.69）

プチアレンジ ハート型の飾りやマスコットをサンドの上に配置して、アクセントにしても。

Point!

インスタ映え度バツグン！

ボトリウムが可愛いらしくしできあがったら、写真に撮って楽しんでも。窓際などに置いて、小物でスタイリングをしてみましょう。自然光で撮影すれば、キラキラと透明感のある素敵な写真が撮れるはず。

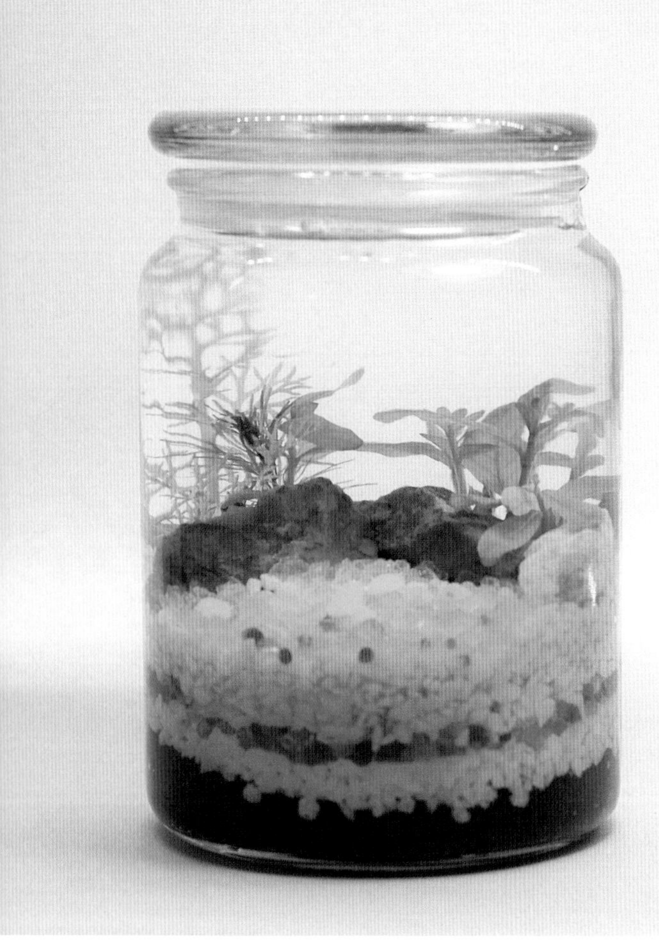

3月

3月は、菜の花など春の花々が咲き春めく風景を再現。ハッピーカラーの黄色を基調に、キラキラのストーンも使って仕上げましょう。

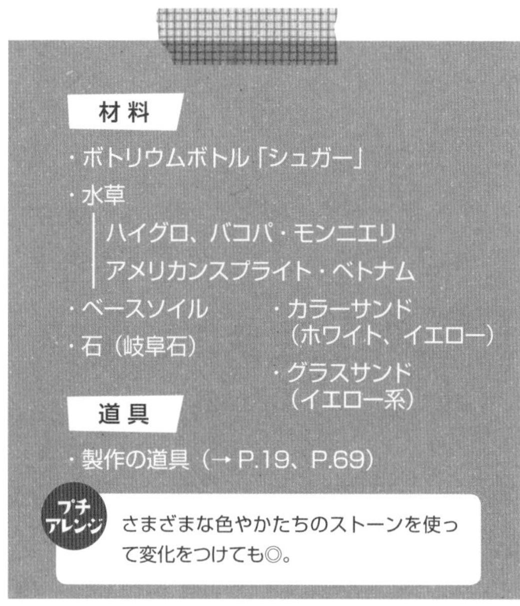

材料

- ボトリウムボトル「シュガー」
- 水草
  - ハイグロ、バコパ・モンニエリ
  - アメリカンスプライト・ベトナム
- ベースソイル
- 石（岐阜石）
- カラーサンド（ホワイト、イエロー）
- グラスサンド（イエロー系）

道具

- 製作の道具（→ P.19、P.69）

プチアレンジ　さまざまな色やかたちのストーンを使って変化をつけても◎。

4月

4月は、ピンク色の水草やストーンを使って、満開の桜をイメージ。わくわくお花見気分を盛り上げて！

材料

- ボトリウムボトル「ミルク」
- 水草
  - ハイグロ・ロザエネルビス
  - ロタラ・インジカ
  - アメリカンスプライト・ベトナム
  - レインキー
- ベースソイル
- ストーン（ホワイト）
- カラーサンド（ホワイト、ピンク、グリーン）
- 五色砂

道具

- 製作の道具（→ P.19、P.69）

プチアレンジ　グリーン系の水草は、アンブリアやニューパールグラスもおすすめ。

5月

新芽が芽吹き、木々が萌える新緑の5月。グリーンを基調に、さわやかな風を感じるような雰囲気にしてみましょう。

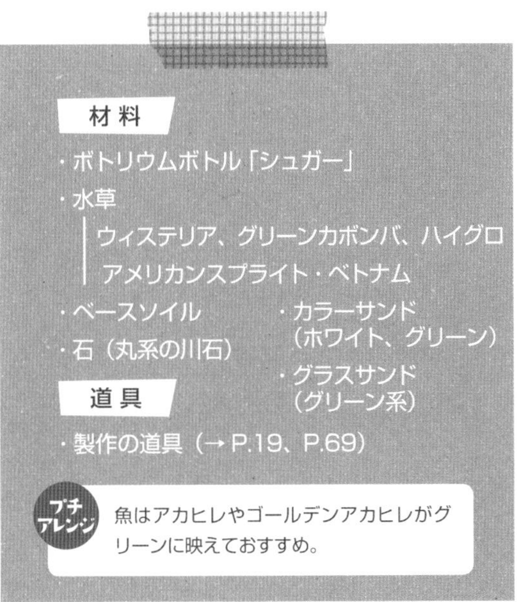

材料

- ボトリウムボトル「シュガー」
- 水草
  ウィステリア、グリーンカボンバ、ハイグロ
  アメリカンスプライト・ベトナム
- ベースソイル
- 石（丸系の川石）
- カラーサンド（ホワイト、グリーン）
- グラスサンド（グリーン系）

道具

- 製作の道具（→ P.19、P.69）

プチアレンジ　魚はアカヒレやゴールデンアカヒレがグリーンに映えておすすめ。

3月

春の花々に見立てたイエローやオレンジのサンドを散らし、アクセントに。

水草は、葉が大きめのものを。バコパ・モンニエリが菜の花の表現にぴったり。

手前には、菜の花畑のようにイエロー系のサンドを敷き詰める。

4月

グリーン系の水草は、色が薄く透明感のあるものが春のさわやかさを表現するのにおすすめ。

葉の色がピンク色で美しくニュアンスのある、ハイグロ・ロザエネルビスを使用。

サンドは下地にグリーンを使い、ピンク色を多めに使うことで春らしさを表現。

5月

清流と木々をイメージして、ストーンでスペースを区切る。

グリーンと白のサンドを重ね、間に濃い色をはさんで全体を引き締める。

6月

6月は梅雨の季節。ブルーを基調に落ち着いた色味の石やカラーサンドを加え、しっとりとした雰囲気の作品に。

材料

- ボトリウムボトル「ハニー」
- 水草
  - アナカリス、グリーンカボンバ
  - レインキー
- ベースソイル
- 石（青白割栗石）
- カラーサンド（ホワイト、ピンク、ブルー）
- キラキラ（ブルー）

道具

- 製作の道具（→P.19、P.69）

プチアレンジ ルドウィジアやネサエアSPレッドも葉に赤みがありおすすめ。

Point!

季節の色をイメージして水草やサンドを選んで

水草は、種類によって少しずつ色味や明るさが違います。水草を選ぶときは、その季節の花や木々の色をイメージして、雰囲気に合う水草を選びましょう。これに、さまざまな色のサンドを上手に組み合わせれば、素敵な作品の完成です！

アナカリスの葉の透明感が、梅雨の季節の葉のみずみずしさを表現するのに最適。

水草は、高さのあるもの、低いものを交互に植え、立体感を出す。

サンドは、紫陽花の花の色や雨のしずくをイメージし、ブルーやホワイト、ピンクを使用。

7月

夏到来！　鮮やかなグリーンと川のせせらぎを感じさせるブルーで、清々しい夏の雰囲気を演出します。

地形をしっかりつくることで、アナカリス１種類でも十分に見栄えのする作品に仕上げることができる。
ストーンで囲むようにスペースを区切り、水草を植える。
川はキラキラ（ブルー）で水面のきらめきを表現。手前を広く、奥をせまくすることで奥行きが出る。

材料

- ボトリウムボトル「ミルク」
- 水草
  - アナカリス
- ベースソイル
- 石（クリームラッシュ）
- カラーサンド
  （ホワイト、ブルー、グリーン）
- キラキラ（ブルー）

道具

- 製作の道具（→ P.19、P.69）

ホワイト、ブルーのほかに、透明感のあるグラスサンドを重ねてもさわやかな印象に。

Arrange

ボトルの形に合わせて ストーンや水草の配置を工夫

ボトリウムは、手軽にだれでも、いろいろな形のボトルを使って小さな世界をつくることができるのがその魅力のひとつです。ボトルの形とストーンや水草の配置によっても、印象がぐんと変わります。ボトリウムづくりに慣れてきたら、自由に自分の思い描く季節のイメージや風景を形にしてみましょう。

8月

8月は、南国のオーシャンビューをイメージしたボトリウムづくりにチャレンジ。お部屋でリゾート気分が味わえます。

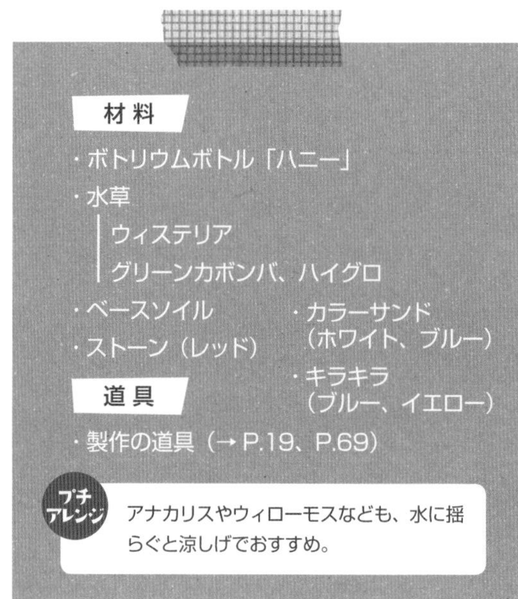

材料

- ボトリウムボトル「ハニー」
- 水草
  - ウィステリア
  - グリーンカボンバ、ハイグロ
- ベースソイル
- ストーン（レッド）
- カラーサンド（ホワイト、ブルー）
- キラキラ（ブルー、イエロー）

道具

- 製作の道具（→ P.19、P.69）

プチアレンジ　アナカリスやウィローモスなども、水に揺らぐと涼しげでおすすめ。

9月

残暑と秋の気配が混在する9月。からだも気分も癒される、優しい雰囲気のボトリウムをつくってみましょう。

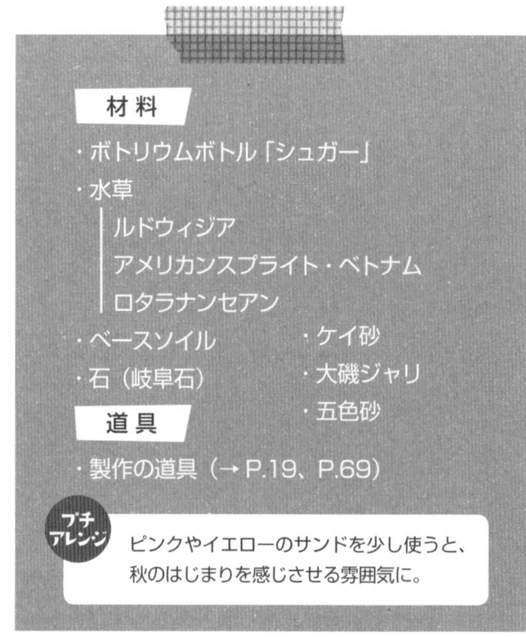

材料

- ボトリウムボトル「シュガー」
- 水草
  - ルドウィジア
  - アメリカンスプライト・ベトナム
  - ロタラナンセアン
- ベースソイル
- 石（岐阜石）
- ケイ砂
- 大磯ジャリ
- 五色砂

道具

- 製作の道具（→ P.19、P.69）

プチアレンジ　ピンクやイエローのサンドを少し使うと、秋のはじまりを感じさせる雰囲気に。

10月

10月といえばハロウィーン！　オレンジや黒っぽい色のサンドをプラスして、ハロウィーンらしさいっぱいに仕上げます。

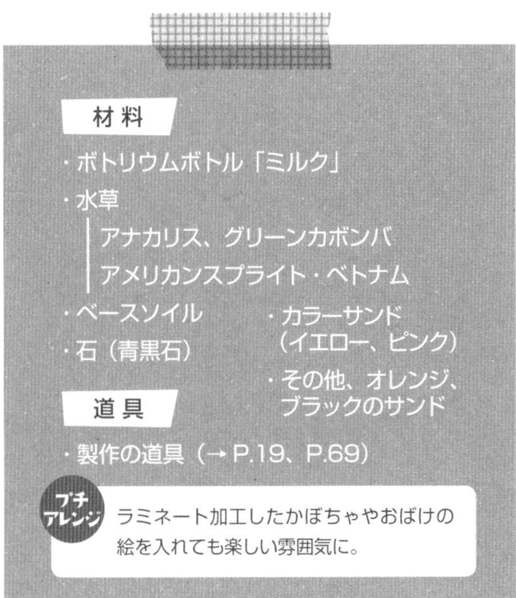

材料

- ボトリウムボトル「ミルク」
- 水草
  - アナカリス、グリーンカボンバ
  - アメリカンスプライト・ベトナム
- ベースソイル
- 石（青黒石）
- カラーサンド（イエロー、ピンク）
- その他、オレンジ、ブラックのサンド

道具

- 製作の道具（→ P.19、P.69）

プチアレンジ ラミネート加工したかぼちゃやおばけの絵を入れても楽しい雰囲気に。

8月

南国の木々をイメージして、いろいろな形の水草をランダムに植える。

ひまわりのようにイエローサンドを使うことで、真夏をイメージ。

海はキラキラ（ブルー）に白のサンドをまぜて、水面のきらめきや波を表現。

9月

グリーンの水草をベースに、赤みのある水草を差し色で加える。

石でスペースを区切って池をつくる。

ベースソイルや濃い色のサンドを底に入れることで、安定感が出る。

10月

背景は、アナカリス、カボンバで雰囲気づくり。

オレンジのサンドをポイントに使ってハロウィーンらしく仕上げる。

ブラック、イエロー、ピンクのサンドを敷き詰め、縞模様をつくる。

11 月

11 月は紅葉の季節。ボトリウムも赤色の水草やストーンを使って秋の彩りにしてみましょう。

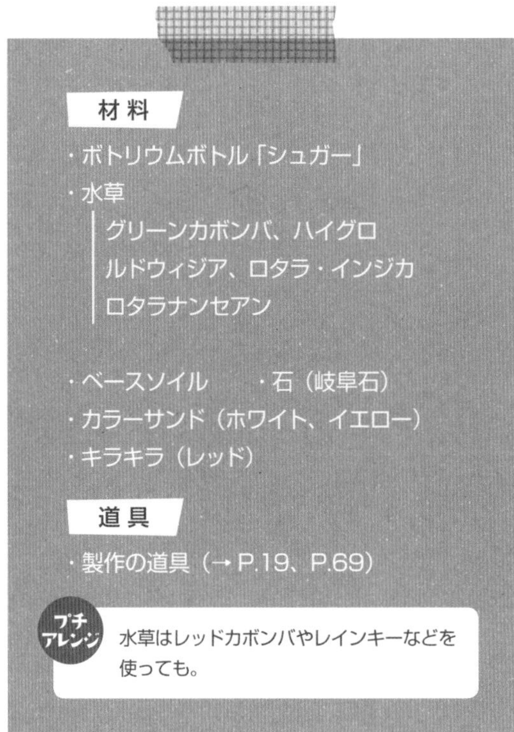

材料

・ボトリウムボトル「シュガー」
・水草
　グリーンカボンバ、ハイグロ
　ルドウィジア、ロタラ・インジカ
　ロタラナンセアン

・ベースソイル　　・石（岐阜石）
・カラーサンド（ホワイト、イエロー）
・キラキラ（レッド）

道具

・製作の道具（→ P.19、P.69）

プチアレンジ 水草はレッドカボンバやレインキーなどを使っても。

淡い赤色が美しいロタラナンセアンをバランスよく植え、その他の緑色の水草を周りに配置する。

水草は、色味だけでなく高さのバランスにも注意。

サンド（ホワイト、イエロー）を敷き詰め、間にキラキラ（レッド）をはさみ引き締める。

Point!

飾り小物を使って可愛いらしさアップ！

手芸店や雑貨店などで入手できる陶器製やプラスチック製の飾り小物は、ボトリウムの演出にぴったりです。ハートなど可愛い形のものやハロウィーン、クリスマス用などを使ってみましょう。ただし、金属製のものは NG です。

12月

12月は、1年の締めくくりをハッピーに、という願いを込めてクリスマス風にアレンジしてみましょう。

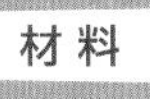

- ボトリウムボトル「ハニー」
- 水草
  - グリーンカボンバ
  - ウィローモス
- ベースソイル
- 石（クリームラッシュ）
- カラーサンド（ホワイト、ピンク、グリーン）
- キラキラ（レッド）
- 木の小枝

道具

- 製作の道具（→ P.19、P.69）

サンタクロースやプレゼント、雪だるまの飾り小物を使えば、よりクリスマスらしく。

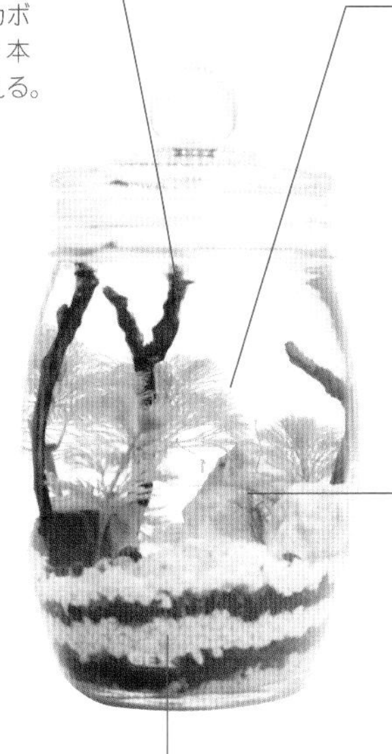

モミの木に見立てて木の小枝のまわりにグリーンカボンバを２～３本密集させて植える。

美しい雪景色をイメージして、白を基調にまとめるのもおしゃれ。

石（クリームラッシュ）のまわりに、背丈を低くしたグリーンカボンバを配置。

サンドはクリスマスカラーのホワイト、赤、グリーンを層にして。

Column

子どもたちの心を育む ボトリウム

ボトリウムは、小さな子どもでも簡単につくることができ、生きものの飼育ができます。子どものうちから生きものと触れ合うことは、命の尊さや道徳性を身につけるために重要と考えられますが、現在は昔と比べてこうした機会が減っています。そんななか、ボトリウムであれば、いつでもだれでも、身近に生きものと触れ合うことができるのです。

ボトリウムが子どもたちの心を育む効果は、ジェックスと岐阜大学、中部学院大学からなる共同研究チームの研究結果で明らかになりました。3～6歳の園児に自分でボトリウムをつくって世話をしてもらったところ、多くの子どもたちに「自分のお魚を自分で育てる」という意識が芽生える傾向が見られました。ただ魚を観賞するのではなく、自分でエサをやり、水を換えて世話をすることで、自然に魚を大切に思う気持ちが湧くようです。ボトリウムは、子どもたちのはじめてのペットにぴったりなのです。

ジェックスインターナショナル株式会社
商品開発部 GEXラボラトリー　吉田恵史郎

小さいお魚可愛い！

ボトリウムのワークショップに参加する子どもたち。自分だけの"小さな水族館"の中で元気に泳ぎまわる魚にみんな夢中！

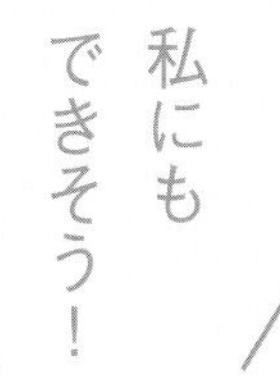

ボトリウムのワークショップは、高齢者にも人気。ボトリウムをきっかけに会話がはずみ、コミュニケーションの輪が広がることも。

大人のコミュニケーションツールや生きがいにも

ボトリウムは、大人でもとくに高齢者で興味を持たれる方が多く、地域活動館などでワークショップを開くとたくさんの参加者が集まります。それぞれ、「ペットを飼いたいけれど、犬や猫は世話が大変そう」「大きな水槽を置くのは無理だけれど、ボトリウムならば大丈夫そう」といった背景が考えられます。

ジェックスと東京大学高齢社会総合研究機構が共同研究を行ったところワークショップで見られる効果は、ボトリウムが参加者のコミュニケーションツールになっているということでした。ボトリウムをきっかけに参加者同士の会話がはずみ、ワークショップ後も情報を交換したり、おたがいのボトリウムを見せ合ったりするコミュニティができることもあります。

また、ボトリウムを観賞したり世話をしたりすることが日々の生活のなかで刺激となり、生きがいにつながることもあるようです。小さな魚や美しい水草の世界が、暮らしに張り合いをもたらすのです。

東京大学 高齢社会総合研究機構
特任研究員　高瀬麻以

※その他の詳しい情報は下記ホームページ参照　http://www.gex-fp.co.jp

ちょこっと
アレンジ編

ボトリウムをリフォーム

ボトリウムが汚れてきた！

ボトリウムをつくって1か月くらいたつと、ボトルの中が汚れてきます。P.30～P.33で紹介しているお手入れできれいにできますが、ボトリウムをリフォームする方法もおすすめです。

Before

After

新しいボトルにお引っ越し！

今あるボトリウムとは別のボトルで新しいボトリウムをつくり、魚を移します。きれいになるだけでなく、季節に合わせて雰囲気を変えることもでき、一石二鳥です！

Point!

Beforeの水は捨てないで！

魚を移す前にBeforeの水をAfterのボトリウムにできるだけ移しておきましょう。魚に与えるショックを最小限にして引っ越しさせる秘訣です。

Part 4

水草＆生物図鑑

ここでは、ボトリウムに適した水草と生物を紹介します。
水草の形や色をチェックして、
作品をつくる際の参考にしてみましょう。

水草図鑑

水草は、アクアリウムショップや通信販売で、1本100円程度から購入できます。色、形、育てやすさなどに特徴があるので、どんなふうに植えるのかを考えながら選びましょう。

アナカリス

Egeria densa

●原産地　南米など
●価格の目安　1本100円～

とても丈夫で育てやすい、ボトリウムに最適の水草。かんたんに根付き、太い根を張りぐんぐん成長します。入手しやすいのも魅力。「オオカナダモ」「金魚藻」として販売されていることもあります。

使用例

・P.40　試験管
・P.43　キューブ形水槽　など

透明感のある緑色の葉が特徴。長さを生かして使っても、短めに切ってもOK。葉がたなびくように使うと効果的です。

アマゾンチドメグサ

Hydrocotyle leucocephala

●原産地　ブラジル
●価格の目安　1本100円～

「かえるがのっかるような葉っぱ」として、切れ込みの入った丸い葉が可愛らしい人気種。斜めに伸び各節から根を出すので、伸びすぎたら切り、別の場所に植えれば根付きます。ただし、根が短く抜けやすいので、深く植え込むようにしましょう。

使用例

・P.41　ミニガラスキャニスター
・P.44　ガラスボウル　など

水中に全体を沈めてもよいし、また、葉が水面上に出るようにしても。茎の長さを変えるといろいろな雰囲気が楽しめます。

アンブリア

Limnophila sessiliflora

●原産地　日本、東南アジア
●価格の目安　1本100円～

和名は「キクモ」。グリーンカボンバとよく似ていますが、こちらのほうが色が薄く黄緑色。アンブリアは節に複数の葉が付くのに対し、カボンバは羽のように一対の葉が付くことで見分けられます。

使用例

・P.50　大リカーびん
・P.53　四季～夏～　など

色が薄く、白や水色のカラーサンドと使うとさわやかさが出ます。

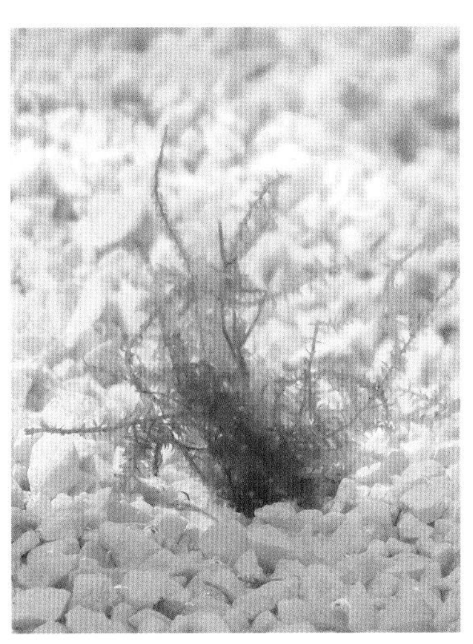

ウィローモス

Fantinalis antipyretica

●原産地　ヨーロッパ、アジア、北米
●価格の目安　1本100円～

コケの一種。水中で岩や流木に活着する性質があり、枝に巻きつければ成長するうちにまとわりついて表面を覆い、緑のじゅうたんのようになります。長く伸びてきたらはさみでカットしましょう。

使用例

・P.59　富士山と茶畑　など

石の間に植え込むと雰囲気が出ておすすめ。小さくちぎって砂利の間に埋め込んでもよいでしょう。

ウィステリア

Hygrophila difformis

●原産地　東南アジア
●価格の目安　1本100円～

水中では、水菜に似た細かい切れ込みのある葉になり、水上では、ミントの葉のような縁がギザギザした卵形の葉に育ちます。丈夫で育てやすく、長くても短くても使えて変化がつけやすいので、あると重宝します。

使用例

・P.44　ガラスボウル
・P.45　土鍋　など

葉にボリュームがあり、いろいろな変化を楽しめるので、この1種類のみでボトリウムを完成させることができます。

グリーンカボンバ

Cabomba caroliniana

●原産地　ブラジル、北米
●価格の目安　1本100円～

「金魚藻」と呼ばれる水草のひとつで、松のような細い葉がどことなく“和”の雰囲気。深緑色が水中で映え、1本でもたくさん植えても絵になります。光量が足りないと葉の色が薄くなるので注意しましょう。

使用例

・P.39　ティーポット
・P.55　四季～冬～　など

葉がふわふわしていて、1か所に植えるだけで見栄えのする作品になります。

ニューパールグラス

Hemianthus micranthemoides

●原産地　改良品種
●価格の目安　1本100円～

細い茎、小ぶりの葉が華奢な印象ながら、力強く根を張り丈夫に育つおすすめの水草。パールグラスには、ノーマルのものや葉にまるみのあるニューラージパールグラス（→P.89）などの種類があります。

使用例

・P.39　ティーカップ
・P.61　ジャングル　など

ニューパールグラスは節から葉が対になって出るのが特徴。石の間に植えれば、小さな葉の可愛らしさが強調されます。

ハイグロ

Hygrophila polysperma

●原産地　インド、東南アジア

●価格の目安　1本100円～

環境の変化に適応しやすく、育てやすい水草です。葉の色は薄い黄緑色で、光の加減によって先端から茶色っぽく変化することも。茎が長い状態で販売されていますが、短く切って使うのもかわいくておすすめです。

使用例

・P.43　キューブ形水槽
・P.52　四季～春～　など

繊細な葉の水草の中に植えると存在感が引き立ち、全体のアクセントになります。

ハイグロ・ロザエネルビス

Hygrophila polysperma var."rosaenervis"

●原産地　改良品種

●価格の目安　1本100円～

前出のハイグロの改良品種。ピンク色の葉に、葉脈の部分が白く浮き出たように見えるのが特徴です。光量が足りないと緑色に戻っていくので、赤さを保つためには十分に光を当てるようにしましょう。

使用例

・P.52　四季～春～
・P.63　日本庭園と金魚　など

1枚の葉の中にもコントラストがあり、1本植えるだけでとても美しくボトリウムを華やかにしてくれます。

バコパ・モンニエリ

●原産地　アメリカ、
　　　　　アフリカ、アジア

●価格の目安　1本100円～

定番の水草「ウォーターバコパ」より小ぶりで、卵形でやや肉厚のつやつやかな葉が特徴的。丈夫ですが、成長が遅くゆっくりと伸びていくので、手入れがかんたんで扱いやすい水草といえます。

使用例

・P.43　キューブ形水槽
・P.44　ガラスボウル　など

まっすぐ上へと伸びるので、群生させた中に植えると見栄えがします。葉を水面上に出すことも可能。

ピグミーチェーン・サジタリア

Sagittaria Sbulata Var.Pusilla

●原産地　北米

●価格の目安　1株100円～

細く長い葉が放射状に伸び、弧を描くように広がります。内側から新しい葉が出てくるので、外側の葉は傷んだら根元から切るようにします。強い光を好み、光量が足りないと弱りやすいので注意しましょう。

使用例

・P.48　ブックタイプ花びん
・P.54　四季～秋～　など

違う種類の水草の間に1株植えるようにすると、葉の形状が引き立って印象的に。

ヘアーグラス

Eleocharis acicularis

●原産地　東アジア

●価格の目安　1束400円〜

その名のとおり、髪の毛のような細い葉の水草。存在感が強すぎず、花束でいう「かすみ草」のように、ほかの水草をほどよく引き立てるとともに、全体をやさしい雰囲気にまとめる役割をします。

使用例

・P.40　試験管
・P.50　大リカーびん　など

ヘアーグラス1株でも素敵に。石の間に植えたり、たくさん植えて草原のようにするのもおすすめです。

ルドウィジア

Ludwigia paluustris X repens

●原産地　ヨーロッパ、アジア南部、北米

●価格の目安　1本100円〜

葉の色は、環境によって薄く明るい緑、オレンジ色、黄色などに変わり、ボトリウムにニュアンスを与えます。また、葉の裏は赤みを帯び、これもちょっとしたアクセントに。グリーンの水草の中に1本植えるのがおすすめ。

使用例

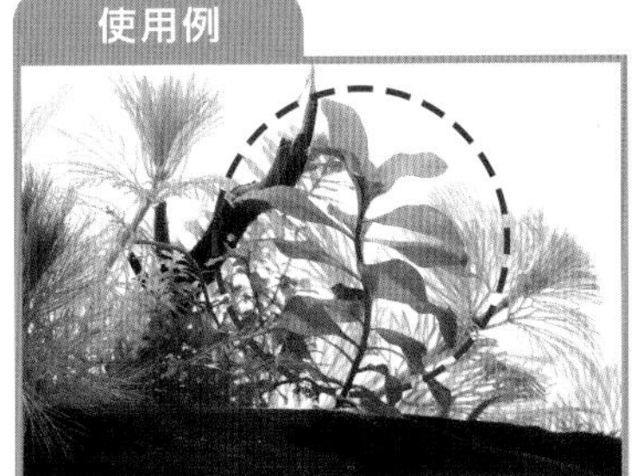

・P.48　ブックタイプ花びん
・P.50　大リカーびん　など

まっすぐではなく茎がくねりながら育つところも、ボトリウムにメリハリをつけてよい雰囲気に。

レッドカボンバ

Cabomba furcata

●原産地　南米

●価格の目安　1本100円〜

グリーンカボンバの色違い。赤紫色の茎と細い葉が印象的な水草です。グリーンよりも少しデリケートですが、栄養が足りないときほど、きれいな色に。逆に色が黒ずんでいるときは、健康な状態といえます。

使用例

・P.47　円筒形花びん
・P.54　四季〜秋〜

光を当てるとより美しい色に。緑の中のアクセントに使ってみましょう。

ロタラ・インジカ

Rotala indica

●原産地　日本、東南アジア

●価格の目安　1本100円〜

茎が細く葉が小さめですが、存在感があり、ボトリウムにぴったりの水草。葉の色は光の加減によって緑や赤に移り変わり、その変化も楽しめます。赤みを強くしたいときは、光を十分に当てるようにしましょう。

使用例

・P.42　びんの中に小びん
・P.52　四季〜春〜

育てるのがややむずかしい赤い水草の中でも丈夫。緑色の水草にまぎれ込ませてみましょう。

育てやすい水草18種

アヌビアス・ナナ・プチ

Anubias barteri var.nana"Petite"

●原産地　改良品種
●価格の目安　1株600円～

サトイモ科の「アヌビアス・ナナ」のなかで、とくに小ぶりな品種。厚みのある濃い緑色の葉が印象的です。根を張るのが遅く抜けやすいものの、一度根付いてしまえば最強の水草。ゆっくり育つのも特徴的です。

アメリカン スプライト・ベトナム

Ceratopteris thalictroiddes

●原産地　ベトナム
●価格の目安　1株150円～

水性のシダ植物。にんじんの葉に似た、細かい切れ込みのある明るい黄緑色の葉がさわやかです。葉を途中で切って植えるだけで根付きます。また、水に浮かべておいても根が出るので、浮き草として使っても。

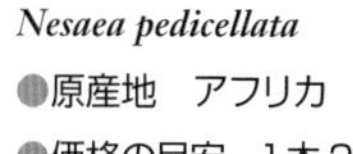

イエローアマニア

Nesaea pedicellata

●原産地　アフリカ
●価格の目安　1本200円～

水草の中では珍しく、黄色い葉を付けます。1本でも存在感がありますが、緑色、赤色の水草と合わせて使うと、色みに変化がついておすすめ。葉の黄色みを強くしたいときは、光を十分に当てるようにします。

ササバモ

Potamogeton malayanus Miq.

●原産地　日本
●価格の目安　1本200円～

笹に似た葉は透明感のある鮮やかな緑色で、水中では海藻のようにゆらゆらと揺れ、清涼感を演出するのに役立ちます。ほかの水草を引き立てるように、脇や背面に植えるのがおすすめ。

ツーテンプル

Hygrophila angustifolia

●原産地　東南アジア、アメリカ
●価格の目安　1本200円～

ハイグロフィラの仲間。しなやかな細長い葉は水中でやさしい雰囲気をつくり出します。丈夫で育てやすく、ぐんぐん成長しますが、伸びてきたら茎の途中で切り取りほかの場所に植えればOK。すぐに根付きます。

テネルス

Echinodorus tenelus

●原産地　北米、南米
●価格の目安　1株100円～

細長い葉が放射状に伸びる水草のなかで、「ピグミーチェーン・サジタリア」が太く、「ヘアーグラス」が細いタイプとすると、これは中太といった印象。石と石の間に植えると雰囲気が出ておすすめです。

ネサエア SP レッド

Nesaea sp.

●原産地　アフリカ
●価格の目安　1本100円〜

密生する濃い赤色の葉が印象的。きれいに育てるのがむずかしいとされていますが、基本的には丈夫で枯れにくい水草です。光量が足りないと緑色が増し、たっぷり光を当てると赤みが強くなります。

ニードルリーフ・ルドウィジア

Ludwigia arcuata

●原産地　北米
●価格の目安　1本100円〜

「ニードル」という名のとおり、針のような長く尖った葉を持つ水草。葉の色は赤みがかり、小さくて存在感を主張しすぎないので、緑の水草のすき間を埋めるように植栽すると、ほどよいアクセントになります。

ニューラージパールグラス

Micranthemum sp.

●原産地　中南米など
●価格の目安　1ポット800円〜

丸く小さな葉がとても可愛らしい水草。ほかの多くの水草と違い、上に伸びずに石や地面をはうように増殖していくので、変化をつけたいときに便利。草丈の高い水草の前景に群生させるのがおすすめです。

バリスネリア・スピラリス

Vallisneria spiralis

●原産地　ヨーロッパ、アフリカ
●価格の目安　1本100円〜

透明感のある緑色をしたテープ状の葉が水中でたなびく様子が印象的。成長が早く葉がどんどん伸びるので、ほかの水草の背面に植えるのが効果的。丈夫で育てやすく初心者向きです。

ブリクサショートリーフ

Blyxa novoguineensis

●原産地　アジア
●価格の目安　1本200円〜

1株にたくさんの葉がつき、こんもりとボリューム感が出るのが特徴。水草の状態や光量によって、葉の先端から褐色になることがあります。野草のような趣なので、素朴な自然感を出したいときに。

ボルビティスヒューデロッティ

Bolbitis heudelotii

●原産地　アフリカ
●価格の目安　1ポット1500円〜

水性のシダ植物。深緑色で透明感のある葉が密生し、ほかの水草と比べるとやや入手しにくいものの人気の品種です。石や流木の尖った部分に活着する性質があります。水温が高いと枯れてしまうので注意。

マヤカ

Mayaca fluviatilis

●原産地　北米、中南米

●価格の目安　1本100円～

針状の小さな葉が密生し、色は明るい緑色ですが、栄養分が不足すると白くなります。基本的にはとても丈夫な水草で、草体も細く小さいのでボトリウム向きの水草です。

ミクロソリウム

Microsorium pteropus

●原産地　東南アジア

●価格の目安　1束500円～

水性のシダ植物。硬くて丈夫な葉、強い根茎を持ち、多少の環境の変化にも負けずに育ちます。表面がごつごつと粗いものに活着する性質を持つので、流木の割れ目にはさみ込んだり、石の間に埋め込んだりすると風流に。

リスノシッポ・ロングリーフ

Rotala wallichii

●原産地　東南アジア

●価格の目安　1本150円～

針のように細く尖った葉が密生する、繊細でとても美しい水草。茎は赤く、葉の色は黄緑色からピンク色まで光量などの環境によって変化します。大きな葉の水草の周辺に植えると、繊細さが際立って効果的。短いタイプもあります。

レインキー

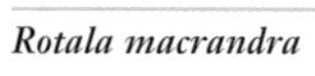

Alternanthera reineckii

●原産地　南米

●価格の目安　1本100円～

赤い水草の代表格。赤系の水草のなかでも育てやすい品種です。大きく育ち存在感抜群なので、主役として目立つところに植えるのがおすすめ。緑色の水草の中に配置すると赤色がより引き立ちます。

ロタラ・マクランドラ

Rotala macrandra

●原産地　アジア

●価格の目安　1本150円～

真っ赤でしなやかな葉が美しい人気種。少し使うだけでボトリウムが華やかになります。ほかの水草と比べると環境の変化に弱く傷みやすいのが難点。購入したらすぐに植え、あまりいじらないようにしましょう。

ロタラ・マクラントグリーン

Rotala macrandra "Green"

●原産地　改良品種

●価格の目安　1本100円～

茎は赤く、葉は全体的に明るい緑色で、先端はピンク色に染まります。前出の「ロタラ・マクランドラ」よりも丈夫で、よく根を張り育てやすい品種。何本かまとめて植えると存在感が出ておすすめです。

生物図鑑

小さな容器の中では、どんな種類の生物でも飼えるわけではありません。ボトリウムに適した魚や貝、エビを飼うようにしましょう。1ℓの水に対してアカヒレサイズの魚1匹を目安にします。

アカヒレ

Tanichthys aibonubes

●原産地　中国　●価格の目安　1匹200円～

入手しやすく、丈夫で飼いやすいボトリウムに最適の魚。からだがしなやかなので、小さな容器の中でも元気に泳ぎまわります。成長するうちにヒレの赤さが増していくのも魅力。寿命は2年ほどで、3～4cmくらいにまで成長します。

ゴールデンアカヒレ

Tanichthys albonubes var.

●原産地　改良品種　●価格の目安　1匹300円～

アカヒレの改良品種で、からだの色は美しいゴールデン、ヒレは赤みを帯びています。アカヒレと同様に飼いやすくボトリウム向き。水草の緑の中で泳ぎまわる姿はとても可愛らしく、癒しを与えてくれます。

ゼブラダニオ

Danio rerio

●原産地　インド　●価格の目安　1匹300円～

その名のとおりゼブラ模様が特徴。コイ科の小型魚で、コイのように口から2本の"ヒゲ"を生やします。小さなスペースでも活発に動きまわり、ボトリウムに最適。ヒレがひらひらと長いロングフィンタイプも出まわっています。

飼いやすい魚10種

グッピー

Poecilia reticulate var.

●原産地　改良品種

●価格の目安　1匹300円〜

小型熱帯魚のなかでもメジャーな品種。美しい色が魅力で、とくにオスはヒレがゴージャスです。熱帯魚なので、低水温にならないように晩秋〜春先には保温を。また、ヒレが傷つかないよう、枝など尖ったものは入れないようにしましょう。

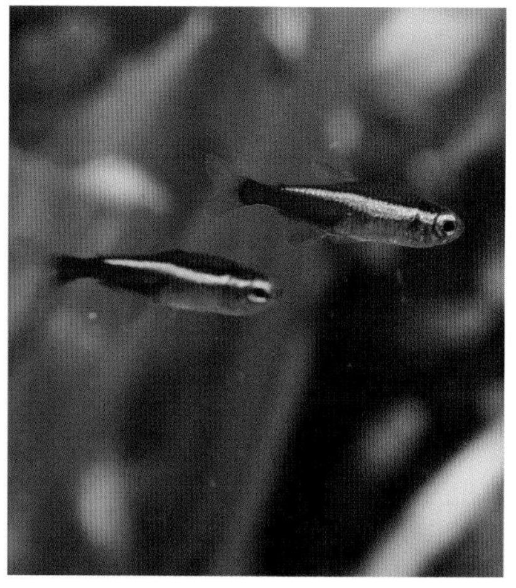

ネオンテトラ

Paracheirodon innesi

●原産地　アマゾン川

●価格の目安　1匹200円〜

メタリックブルーのからだに真っ赤なラインが印象的な小型熱帯魚。丈夫できほんのボトリウムでも飼うことができますが、できるだけ大きな容器を選ぶほうがよいでしょう。グッピーと同様に、晩秋〜春には保温が必要です。

カージナルテトラ

Paracheirodon axelrodi

●原産地　南米

●価格の目安　1匹300円〜

ネオンテトラと似ていますが、腹部の赤いラインの入り方で見分けることができます。飼い方はネオンテトラと同様。比較的温和な性格なので、大きめの容器であれば2匹以上を混泳させることも可能です。

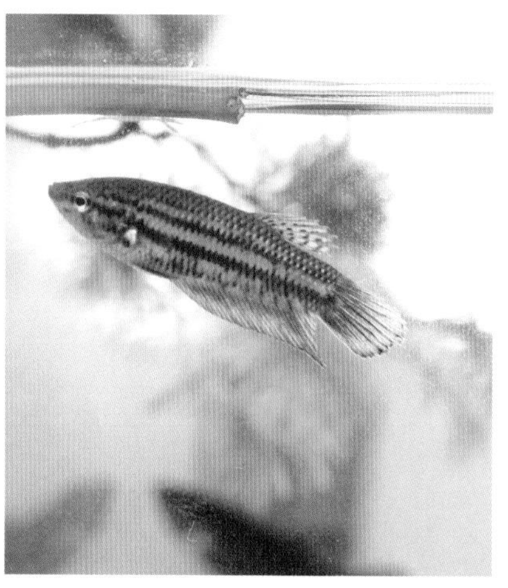

ベタ（写真右：オス、写真右：メス）

Betta splendens var.

●原産地　改良品種

●価格の目安　1オス1匹500円〜　メス1匹300円〜

ベタは品種改良がさかんで色やバリエーションが豊富。また、オスとメスとでも形や色が違います。とくに、オスは色鮮やかで長いヒレを持ちゴージャスな印象。ボトリウムでも飼うことができますが、水草は短めにして、自由に泳ぎまわれるスペースをつくってあげましょう。冬場は保温が必要です。

Column

魚や貝などの生物は野外に放流しないで！

一度ボトリウムで飼い始めた魚や貝を、川や湖などに放流することは厳禁です。これは生物を飼うときの最低限のルール。飼育されていた生物が野生の生物と混ざることで、生態系に影響を与えてしまう可能性があるからです。たとえ小さな魚1匹でも、社会問題になるほどの大きな影響に発展してしまうことを覚えておきましょう。

飼い始めた生物は、責任をもって最後まで世話をしてあげて。もし、貝などが増えすぎてしまい困ったら、アクアリウムショップに相談して引き取ってもらいましょう。

黒メダカ

Oryzias latipes

●原産地　日本、アジア

●価格の目安　1匹100円〜

日本に昔からいて親しまれている、おなじみの小型魚。ボトリウムでも飼うことができますが、メダカはからだが硬くアカヒレのようにしならないので、横幅のある大きめの容器を使い、泳ぎまわるスペースを広くとるようにしましょう。

白メダカ

Oryzias latipes var.

●原産地　改良品種

●価格の目安　1匹300円〜

メダカの改良品種で、からだの色が白いのが特徴。スイスイ泳ぎまわる姿が目立って可愛らしく、ボトリウム向き。性質は黒メダカとほぼ同じです。黒メダカと同様に大きめの容器を使い、2匹以上飼うときはほかの品種と混ぜないようにしましょう。

ヒメダカ

Oryzias latipes var.

●原産地　改良品種

●価格の目安　1匹50円〜

メダカの改良品種。小さめのからだ、黄色っぽい色が特徴です。メダカのなかでも環境の変化に強く飼いやすい品種ですが、ほかのメダカと同様に、泳ぎまわれる広いスペースが必要。ほかの魚と混泳させるのは避けましょう。

ミッキーマウス・プラティ

Xiphophorus maculatus var.

●原産地　改良品種

●価格の目安　1匹300円〜

熱帯魚のなかでも人気の高いプラティの一種。尾びれの付け根にミッキーマウスのような模様があることから、この名がつけられました。穏やかな性格なので、大きめの容器であればほかの魚との混泳も可能です。

レオパードダニオ

Danio frankei

●原産地　不明

●価格の目安　1匹300円〜

前出の「ゼブラダニオ」と同じダニオの仲間。ゴールデンのからだに黒い斑点模様が特徴です。成長するにつれ、からだが金色に輝いていきます。性質はゼブラダニオと同じくとても活発。丈夫で飼いやすい魚です。

レオパードダニオ・ロングフィン

Danio sp.

●原産地　改良品種

●価格の目安　1匹400円

「レオパードダニオ」の改良品種で、長く伸びるヒレが特徴。丈夫で育てやすく、ボトリウムで飼えばひらひらと美しいヒレがたなびき、とても見栄えがします。混泳なら、同じような性質のゼブラダニオがよいでしょう。

貝（スネール）の仲間

カワニナ

Semisulcospira libertina

●原産地　東アジア

●価格の目安　1匹 100円～

淡水域に棲む巻貝で、日本の小川などにも昔から生息。カワニナをはじめ、雌雄同体で自然に増える貝は“スネール”と呼ばれます。入手したいときには、アクアリウムショップなどで分けてもらえることがあるので相談してみましょう。

Column

貝はボトリウムの“お掃除屋さん”

じっとしていたかと思えば、のそのそと動きまわったり容器の側面にくっついたりして、見ていて飽きることのない貝。じつは、貝は可愛らしいだけでなく、ボトリウムの中を掃除する役目があります。ボトリウムは、育てているうちにどうしてもコケが発生してしまいます。けれど、貝を入れておくと、貝がコケを食べてくれ、きれいな状態を保つことができるのです。

難点は、飼っているうちに繁殖してどんどん増えてしまうこと。増えすぎるとボトリウムの中にフンがたまり、次第に水草を食いちらすようになるので、貝だらけにならないよう5匹以上になったら取り出すようにしましょう。

水中で動きまわるカワニナ。動きのユニークさは観察のしがいあり。

カラーカノコガイ

Clithon faba

●原産地　東南アジア

●価格の目安　1匹 300円～

汽水域（海水と淡水が混ざった水域）に生息する巻貝の一種。さまざまな色や模様のバリエーションがあり、300円程度で入手することができます。玉ねぎに形が似ているので「レッドオニオン」と呼ばれることも。

ラムズホーン

Planorbidae

●原産地　東南アジア

●価格の目安　1匹 100円

「インドヒラマキガイ」とも呼ばれる巻貝の一種。ボトリウムに入れておくと、ガラス面や石についたコケや魚のエサのカスを食べてくれます。貝殻は1cmほどまでに成長。どんどん増えるので、増えすぎたら取り除きましょう。

レッドラムズホーン

Indoplanorbis exustus

●原産地　改良品種

●価格の目安　1匹 300円～

「ラムズホーン」のアルビノ種。真っ赤な貝殻の色が特徴。ただし、ラムズホーンにはピンクや青などいろいろな種類があり、生まれてくるものが別の色の場合もあります。ほかの貝と同様にコケなどを食べて成長します。

エビの仲間

ビーシュリンプ

Caridina sp.

●原産地　東南アジア

●価格の目安　1匹500円〜

白と黒の縞模様が特徴的な小型のエビの一種。エビも貝と同様にボトリウム内のコケを食べてきれいにしてくれますが、環境の変化に敏感なので、ボトリウム製作後1か月ほど経過してから入れるようにしましょう。

レッドビーシュリンプ

Neocaridina sp.

●原産地　改良品種

●価格の目安　1匹800円〜

「ビーシュリンプ」の改良品種。赤と白の模様が鮮やかで可愛く、とても人気があります。模様の入り方はさまざまで、一般的な縞模様のほか、"日の丸"や"モスラ"と呼ばれるものも。高水温に弱いので、夏には暑さ対策が必要です。

イエローチェリーシュリンプ

Neocaridina sp.

●原産地　改良品種

●価格の目安　1匹600円〜

「ミナミヌマエビ」の改良品種で、黄色いからだの色が特徴。ボトリウムの中で動く姿は可愛らしく、とても癒されます。ほかのエビと同じく、環境の変化に弱いので注意。夏の暑さ対策も必要です。

レッドチェリーシュリンプ

Neocaridina denticulate sinensis var.

●原産地　台湾

●価格の目安　1匹600円〜

深紅が際立つ小型のエビ。ヌマエビの一種で、エビのなかでは比較的丈夫で飼いやすい品種です。ボトリウムに入れると赤みが加わりとてもきれい。ただし、高水温には弱いので夏の暑い時期には注意しましょう。

ミナミヌマエビ

Neocardina denticulata

●原産地　日本、東アジア

●価格の目安　200円〜

日本などに生息する小型のヌマエビの一種。とても丈夫で、ボトリウムで飼うのに最適です。糸のように出てくる細かいコケを好んで食べます。高水温に弱いので、夏はとくに注意し、水をこまめに交換するようにしましょう。

ヤマトヌマエビ

Caridina multidentata

●原産地　日本、台湾など

●価格の目安　1匹300円〜

もともとは川など淡水に棲むヌマエビの代表品種。細かいコケまでとてもよく食べます。ヌマエビのなかではやや大きくスペースが必要なので、ボトリウムでは2ℓ以上の大きめの容器を使うようにしましょう。

※ボトリウムは田畑哲生の登録商標です。

■著者プロフィール

ボトリウム考案者 **田畑哲生**（家元てっちゃん先生）

日本で唯一の『水草作家』で、ボトリウムの考案者。23歳のときに水草専門店にて修業を始めて以来、25年水草の芸術家の道を歩む。2010年には和風水草創作作品「和心～桜楽亭～」で「水槽ディスプレイコンテスト」に総合優勝するなど、2度の日本一に輝く。ボトリウムを考案して17年。現在は店舗運営の傍ら「出張ボトリウム教室」で全国を回るほか、全国でボトリウム体験ができるようインストラクターの育成にも尽力。また、ボトリウムをより身近にするために、アクアリウムメーカーGEXとコラボ。公式ボトリウム商品をプロデュースし、さらなるボトリウムの普及に努力している。株式会社美草代表取締役。

■ボトリウムに関してのお問い合わせ

株式会社美草（みくさ）
静岡県静岡市駿河区根古屋130-2-1
TEL/FAX 054-260-6930

ボトリウムイベント、ワークショップ、セミナー、講演等、お気軽にお問い合わせください。
詳しくは公式ホームページで。
http://www.bottlium.jp

■ボトリウム公認インストラクター資格講座のご案内

「あなたもボトリウムの先生になって活動しませんか？」
資格をとってボトリウムをお仕事にできます。
詳しくは公式ホームページで。

■ボトリウム通信販売のご案内

「きほんのボトリウムのつくり方」や作品例に登場するガラスキャニスターやGEXボトリウムキットが通信販売で購入できます。
詳しくは公式ホームページで。

■YouTubeチャンネル

【おうちDE水族館】《ボトリウム公式CH》

もっとボトリウムのことを知りたい方に、YouTubeチャンネルにて、てっちゃん先生がやさしく詳しくレクチャーしています。

この本は既刊のブティック・ムックno.1181『私の小さなアクアリウム～手作り超ミニ水族館』に、新規内容を追加して再編集したものです。

■Staff
デザイン　佐野裕美子
写真　江村伸雄
スタイリング　ダンノマリコ
編集・制作　株式会社童夢

■商品協力
ジェックス株式会社
http://www.gex-fp.co.jp

ボトリウム公式用品を発売している国内No.1の水槽メーカー。水草や観賞魚を育成するために必要なあらゆる製品を取り扱っている。

※編集部製作のボトリウム

私の小さなアクアリウム
手作り超ミニ水族館ボトリウム®
新装版

2020年8月10日　初版発行

編集人／坂部規明
発行人／志村　悟
印　刷／図書印刷株式会社
発行所／株式会社ブティック社
TEL.03-3234-2001
〒102-8620　東京都千代田区平河町1-8-3
https://www.boutique-sha.co.jp/
編集部直通　TEL.03-3234-2071
販売部直通　TEL.03-3234-2081

PRINTED IN JAPAN　ISBN:978-4-8347-9040-5